鹿肉を楽しむ

COOK BOOK

Forest to table. Table to forest.

著作者　林 真理
監修者　吉村美紀
執筆協力者　横山真弓

鹿肉をたべるということ

「鹿肉です。いかがですか？」「えーっ！」「鹿肉って……、食べていいの？」「かわいそっ」「いらんいらん、ゲテモノは興味ないから」「神さんの遣いちゃうん！」

二〇〇九年冬、大阪・四天王寺のマルシェに鹿肉バーガーで出店したときの反応です。

それから六、七年が経って、鹿肉の話題がメディアで取り上げられることが増え、ようやく一般の人びとの受け止め方も変化してきました。神戸などのイベントの場で合計一〇〇〇人ほどの方々にアンケート調査をしたところ、回答者の約四割の人が鹿肉を食べた経験があるとわかり、嬉しい驚きを感じました。大学の関連ブースということもあり、来場者が鹿肉に興味をもっていそうな層であることを勘案しても、これは大きな変化でしょう。兵庫県内の飲食店でも、産地まではわかりませんが、すでに一四九軒が鹿肉をメニューにのせているとの調査報告もあります。このように鹿肉が着実にわたしたちの身近な食材になってきていることは、とても喜ばしいことです。

ところで、人びとがこの新しい食材に抱くイメージはさまざまです。美しくて可愛い容姿からか、一割の人は食べるのを「かわいそう」と感じています。野生動物ゆえに「硬くて臭いのでは」と思う人が三〜四割ほどいらっしゃることも推測されます。しかし実際に食べてみると「柔らかかった」「臭くなかった」という声も多数あり、まずは先入観の払拭が必要であると思われます。

鹿は文化的・社会的に多様な側面をもっています。神社では神の遣いとして祀られ、奈良公園では人に馴れて親しまれる鹿。そのような親和的な関係が先行する社会ですから、食べるのを「かわいそう」と感じ、食べものとして受け入れることに抵抗を感じることはごく一般的な感覚かもしれません。

いっぽう、人や自然にとってか

けがえのない動物であるはずの鹿が、捕食者の減少、里山と里地との境界の消失による生息域の拡大、長期の保護政策など、複数の要因によって生息頭数を急増させ、森林や農作物を食害しています。早急に人の手で相当な数を減らさなければ、森林の荒廃や土砂崩れを招き、食害による離農者の増加に拍車をかけるなど、事態はとても深刻なのです。

こうして、害獣の汚名をきせられマイナス資源となった鹿を、食用化でプラス資源にしようという取り組みは、命を大切にしようという食育とともに、全国的な広がりを見せています。

自然や社会にとって、また動物種としても鹿の数が適正になり、獣害対策への多額の公的資金の投入からも解放されるには、まだ五年、いえ一〇年はかかるとも言われています。しかしこういう時だからこそ、鹿肉活用の真価が問われるのかもしれません。有効な管理捕獲の考え方や鹿肉活用に繋がる人材育成がすすみ、鹿肉の食文化が社会に浸透していけば、有史以前からつづいてきた人と野生動物とのまぬがれえない拮抗の歴史も、小さな振れ幅で継続させることができるかもしれないからです。

「鹿肉、また食べたいね」とたくさんある食べ物から鹿肉を選ぶとき、わたしたちは自然の恵みの享受を通して、命の循環が無理なく継続することへのちいさな貢献もふくめ、「おいしさ」に対する感受性を磨いているにちがいありません。嬉しいことに、健康や美容にもよいという鹿肉のすぐれた特徴が、研究により次々と明らかになってきました。

あなたが一歩すすんで鹿肉料理にチャレンジするならば、安全で品質のよいものを選ぶための情報や手段、そして美味しく食べるためのひと工夫の知恵を身につけることが大切になるでしょう。

そうすればあなたは、自然環境もふくめた自分たちの暮らしを豊かにするものとして、鹿肉をより身近な存在として実感できるはずです。

さぁ、ご一緒に鹿肉料理を楽しみませんか。

（林 真理）

もくじ

LESSON

CULLER

森の番人達を訪ねて

Forest to table
Table to forest

出張料理教室「森の農《みのり》」（兵庫県西宮市甲山）にて

STORY

鹿肉ってどんなお肉？

鹿肉はヘルシーと聞いたけれど
本当かしら？
安全性については？
どうやって料理したらいいの？
どこで買えるの？
新しい食材へのチャレンジは
わからないことが多いものです。
そこで本書は
「STORY」「RECIPE」
「LESSON」「CULLER」
と大きく四章にわけて解説します。

STORYでは
家庭でも作りやすい鹿肉料理を
鹿肉などに関するエッセイと
写真でご紹介します。
まずは、おはなしと写真で
鹿肉を楽しんでください。

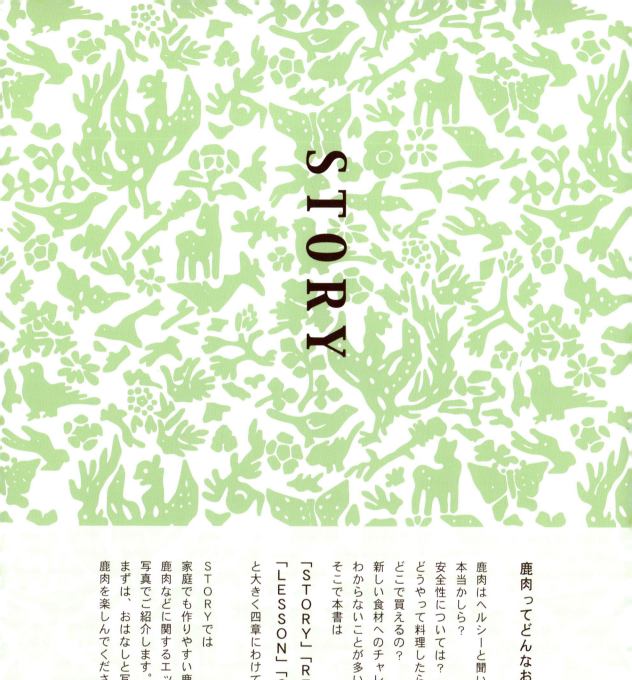

くわ焼き

惣菜

鹿肉レシピ第一号

　鹿肉はどんな味ですか、とよく聞かれます。「赤身肉」という代名詞でよばれるように、鹿肉には「赤身肉のおいしさ」があります。そのおいしさは、霜降り肉の脂の旨みや甘味とは異なり、さっぱりとして力強いものです。鹿肉には、他の赤身の牛肉、羊肉、鯨肉とも異なる固有の味や香り、食感があるのです。是非、みなさまにも、お腹の奥底からこの天然由来の充実感を味わっていただきたいと思います。

　以前、紀伊半島の深山からいただいた鹿肉の味は、森をかけ抜ける風のような爽やかさがあり、驚いたことがあります。その鹿はきっと美しく豊かな緑を食み、清らかな水を飲んでいたのだろうと連想せずにいられない鮮烈な印象でした。鹿は野生のため生息地域や食性による差異や季節や年齢による違いもあります。鮎や鰻のように肉質や風味の違いを楽しめるのが天然肉なのです。

　また全国には、研究熱心な狩猟者やこだわりの精肉家がおられ、私たちは愛情をもって扱われ丹精された鹿肉と出会うことができます。

　森から食卓へ愛情のバトンタッチ。それはすなわち、品質と信頼のバトンタッチ。そんな特別な「出会い」はわたしたちの日々の暮らしに、他では得難い豊かさをもたらしてくれるのです。

　ところで、日本料理には地鶏をつかった「くわ焼き」という、一風変わった名前の料理があるのをご存知でしょうか。農夫が農具の鍬で地鶏を焼いたのが由来とされています。一般的な名称ならば「地鶏の照焼き農家風」といったところかもしれません。「くわ焼き」と名づけて、野趣を表現した先人の趣向に惹かれます。

　ちなみに江戸時代後期、鉄砲は畑を獣から守る農具のひとつとも言われ、相当数の農夫が猟をおこない、鹿の肉・皮・角のすべてが広く活用されていました。

　この鹿肉の「くわ焼き」は、鹿肉料理教室をはじめた頃によく作った思い出のレシピです。

集い

veniボルシチ

魅惑の紅と赤紫色

食経験は、味覚、視覚、嗅覚、聴覚、触覚が連動して働き、総合的に脳に記憶されていきます。したがって、これまで食べたことのない食べものに抵抗を感じたり、見た目と味が異なる食べものに違和感を抱いたりするのは自然なことです。概して人は食べものに対して保守的なものです。それは、本来人間の脳が、身の安全を守るためのブレーキを有しているからにほかなりません。

しかし、他の要因によってブレーキがアクセルにかわることもあります。根拠にもとづく有益な情報や、親しみのある人や環境への協調によって。または魅惑的なコマーシャルや、個人的な衝動への働きかけによって……。鹿肉をはじめて食べる人にとって、まさにこのようなきっかけが、好き嫌いを決めるほど、大きな影響力をもつことは確かです。

食べ物の先入観について、色に関しても興味深い話があります。日本では、牛や豚のお肉の色は薄い方が好まれます。赤色が濃いよりも薄い方が鮮度がよいと見られるからです。しかし、実際には、新鮮な肉の切りたてほど赤色が濃く、時間が経つにしたがい肉色は薄くなっていきます。

また野菜の色については、色素ごとにさまざまな機能をもつポリフェノールが含まれることが知られるようになってきました。野菜の色も単なる彩りとしてだけでなく、その機能性にも注目が集まっています。

このウクライナの郷土料理ボルシチほど、赤紫色のビーツを印象づける料理は他にありません。「veniボルシチ」の「veni」は鹿肉を意味する英単語「venison」からとりました。日本の赤色「紅」にもかけています。鹿肉を「紅葉（もみじ）肉」と呼んだ日本人の自然観にも想いを寄せて名づけました。

ビーツは野菜のなかでも、とくに鉄分を多く含む根菜です。鉄分を多く含む鹿肉とビーツ。現在、女性の四人に一人、また男性にも貧血の人が増えていると言われています。貧血の予防に、鉄分最強コンビのveniボルシチをおすすめいたします。

青椒鹿肉絲

集い

本場も垂涎の？

世界三大料理による鹿肉へのアプローチはさまざまです。なかでもフランス料理にとってジビエ（野生鳥獣肉）料理は、歴史的・文化的に特別な位置にあり、その代表格が鹿肉でしょう。また、肉料理が豊富なトルコ料理では、羊肉にならび鹿肉のケバブが人気を博していますが、日本ではあまり知られていません。

そして中国料理でも、その長く豊かな食文化のなかで鹿肉は重要な食材でした。清朝時代には、満願全席とよばれる贅を尽くした食事があり、宴会をしながら一〇〇種類をこえる料理を数日間かけて食べたそうです。

その山・陸・海からもたらされる珍味のなかに、「鹿筋」があります。鹿の筋ですからは肉ではありません。四肢から肉をとったアキレス腱だけを使用します。蹄をつけたまま乾燥させた腱は、長く太い黄金色の光沢のあるものが良品とされました。鹿のスネ部位を骨付きから調理したことがある人ならご存知の、あの手ごわい筋。干してもどしトロトロに煮ると、まるでフカヒレのようになるそうです。中国人のあくなき料理魂に脱帽です。

かわって昨今、中国料理の定番といえば、麻婆豆腐、酢豚に並び、青椒肉絲も人気のあるメニューです。本場中国で、豚肉は「猪肉」と表記されますが、単に「肉」とあれば豚肉をさすほど豚肉文化のお国柄です。わたしたちに赤身肉料理として馴染みのある「青椒肉絲（チンジャオロースー）」は、料理名が示すように本来は豚肉をつかった料理でした。しかし広い中国のこと。牛肉、羊肉など、色々な赤身肉をつかった「青椒〇肉絲」があるそうです（〇の中には、使用する獣畜の名称が入ります）。

ちなみに中国では六種の鹿が絶滅危惧種となり、現在、天然の鹿を食べることはかないません。赤身肉でつくる鹿肉の「青椒鹿肉絲（チンジャオロースー）」は、今では本場では食べることができない、日本の中国料理になりました。

集い

ミートパイクミン風味

ミートパイの伝統と変容

神戸には一〇〇年以上前からミートパイを販売している洋菓子店があり、地元の人々にはちょっと特別なミートパイがあります。その発祥の地はイギリス、スコットランドのいずれであるか定かではありませんが、原型はイギリスのシェパーズパイやスコットランドのハギスなど、羊の肉や臓物を使う料理でした。

イギリスのミートパイで思い出すのは、チャールズ・ディケンズの小説『大いなる遺産』です。産業革命により、貧富の格差が広がったイギリスのとある町が舞台で、タイトルとは対照的に、暗く貧しい陰鬱な情景から物語は始まります。主人公の少年ピップが、クリスマス用に準備したポークパイを家からこっそり持ち出し、墓地で出会った逃亡囚のマグウィッチに差し出します。囚人がむさぼるように食べる不気味な光景と、それはみんなが楽しみにしているクリスマス用のパイであるという設定に、小説の冒頭から恐怖感を倍増させられるのでした。

ところ変わって南米では、ミートパイはおもにエンパナーダの名で知られ、かつて訪れたボリビアではサルティーニャと呼ばれていました。牛の臓物や鶏肉にクミンなどのスパイスが効き、茹で卵がはいっているものも人気があります。開店と同時にコーヒーとサルティーニャをもとめる人の行列ができる屋台の風景は町の風物詩。もちろん、お祭りにも欠かせないソウルフードのひとつとなっていました。

西洋文化やキリスト教文化とともに世界中に広がったパイ。伝播した土地の食習慣や食材をとり込みながら、形を変えて定着していく様を追いかけるのも楽しいものです。異なる時代、国や地域にあって、多くの人々に愛されるミートパイには、コショウ、オールスパイス、クミンなど地域色を特徴づける固有のスパイスの存在がある点も見逃せません。

和の滋養スープ

薬肉

鹿肉と大根と魚醤

二〇〇四年、鹿肉の栄養成分に関する初期の研究として、釧路短期大学の岡本匡代先生らが鹿肉は脂肪量が少なく質がいいことを明らかにしました。リノレイン酸に代表される脂肪酸が、お肉にしては多いということです。また宮城大学の石田光晴先生によると、脂肪酸には複数の種類があり、健康維持にはその比率が重要で、ほかの肉と比べると、鹿肉はその比率がよいそうです（三八頁参照）。

ところで、この「和の滋養スープ」の調理では、大根を余すことなく使いました。料理の味や栄養のバランスを整え、消化吸収もうながす大根。そんな大根は鹿肉とも相性のよい野菜です。まずは下ごしらえで、肉に大根おろしをなじませ臭いをとります。大根の皮は、肉を煮るときのスープの灰汁とりに使用します。ふろふき大根と鹿肉は、昆布と椎茸の和風だしの旨みを吸わせ、仕上げの青みには大根葉をあしらいましょう。

ここで、鹿肉と大根のあいだを取り持つ調味料が魚醤です。最近、東南アジア料理の調味料として定着したナンプラーも魚醤の一種。その原材料はシンプルに魚と塩だけです。国立民族学博物館の名誉教授石毛直道氏によると、日本では醤油や味噌より古い醤（ひしお）の原型で、その起源は弥生時代と推定されています。

じつは鹿肉も、食の起源をさかのぼると、縄文時代の貝塚から骨が出土しています。奈良時代に編纂された『播磨国風土記』にも、兵庫県東部で鹿肉が食されていた記録があり、鹿肉が日本人の食の歴史に長く関わってきたことを示しています。いっぽう大根は、大陸から伝播した野菜が多いなかで比較的古く、一般に栽培されるようなったのは室町時代頃だそうです。いずれも日本列島で長く食べられてきたメイド・オブ・ジャパンの食材。これらを取り合わせた一皿は、素朴でしみじみした味わいがあります。

シンプル肉団子

薬肉

ベジタリアンのこと

誰もが願う健康。十数年前にヨガのクラスと共催で企画した宝塚の鹿肉料理教室からはじまり、おばんざいをひろめている京都の教室で鹿肉をとりいれたのは二〇一〇年。その後、出張教室も増えるなか、たくさんの人との出会いがありました。出会う人の数だけ、多様な食の志向に触れ、驚きや共感を覚えています。

矛盾して聞こえるかもしれませんが、ベジタリアンの人が鹿肉の料理教室に参加されることが時々あります。家畜のお肉は食べないが、鹿肉は食べたいと言われます。普段、肉食を控えている方はそれぞれ理由をお持ちなので、耳を傾けるようにしています。

たとえば、牛、豚、鶏に対して食物アレルギーのある人。病気をきっかけに高脂肪の肉中心の食事をみなおした人。世界の食糧事情、将来の食糧難を憂慮し肉食を減らす人。ヨガの指導者として教義の一解釈から肉食を避ける人。ホルモン剤フリーや抗生物質フリーなどのフリーフロム食品をもとめている人などなど……。

世の中には食べものがあふれているのに、食べたいものがない、食べられるものが手に入らない、何を食べて良いかわからない人が少なからずおられる。これはご本人にとっては大変なストレスだと想像します。深い思いで鹿肉に関心を寄せている人がいるということは、図らずも、現代人が食に対して抱えている複雑で困難な事情の一面を、鹿肉が浮き彫りにしているように思えてなりません。食の三大要素である安全性、栄養、美味しさに加えて、鹿肉が個人の食の価値観に寄り添い、悩みや課題を解決できることがあるならば、食に携わるものとして、それはとても嬉しいことだと思います。

お惣菜のなかでも、好きな方と苦手な方がおられる肉団子。このシンプル肉団子は、卵や小麦粉のつなぎを使わず、牛豚鶏の肉や脂も加えていません。鹿肉本来の味と食感のお団子はいかがでしょうか。

スパイシー薬膳カレー

薬肉

薬肉とよばれた鹿肉

林業ボランティアをしている友人が、京都の日吉町には、「死にかかったおばあさんが、鹿肉を食べて生き返った」という伝説があると言っていました。それは、鹿肉には滋養強壮の力があるという喩えかと思います。

それほどまでではないにしても、鹿由来の代表的な漢方薬といえば鹿茸が知られています。漢方薬問屋が連なる台湾の迪化街に行ったとき、骨化する前の角を乾燥スライスした鹿茸が売られているのを数軒の店頭で見かけました。漢方辞典によれば、鹿茸でつくる薬は「心血管に対する作用、強壮作用、性ホルモン様作用がある」(『中薬大辞典』)とあり、日吉町のおばあさんの話も、みょうに信憑性を増してきます。薬としてではなく、病気や老化の予防目的で鹿肉を食事にすすめているのは、インドの伝統医学アーユルヴェーダです。日本アーユルヴェーダスクール校長のクリシュナ・U・K・氏の著書によると、鹿肉は秋から冬にかけて食べるとよく、また血液の病気予防にもよいそうです。

話が変わって最近では、日本でもカレーをスパイスの配合からつくる人が増えています。海外旅行で本場の味を知って、再現を試みているのでしょうか。味に加え、生薬としてのスパイスの効果に関心が高まっているからかもしれません。インドやスリランカ料理で多用されるスパイスも医食同源の思想にもとづいています。日本の気候も、夏の暑さは増すばかりです。気候が亜熱帯に近づくにつれ(インドの方が涼しいという説も)、体が必要とするものが、体内の熱を取り除く作用のある食べ物や香辛料などに変わってきているとも聞きました。

この低カロリーなカレーの材料は、鹿肉、野菜、スパイス、植物油です。油にごま油以外を使用すれば、二七品目アレルギー対応の食事としても召し上がっていただける薬膳カレーです。

RECIPE P.34

Rehrucken

レーリュッケン

ふたつの「レーリュッケン」

ドイツとオーストリアには、同じ名前をもつ料理とお菓子があります。その名はレーリュッケン。「仔鹿の背」という意味です。

料理の「レーリュッケン」は、仔鹿の背肉をローストする古典的な鹿肉料理です。どこが古典的かというと、肉に脂をピケする（刺し込む）技法を用いる点です。かつて脂肪の少ない仔鹿肉に脂を補うため、ヒモ状に細長く切った豚の背脂をラルドワールという専用の脂通し具にとりつけ、針で糸を縫うような手法で肉に刺し込みました。数本の脂をピケして焼けば、脂肪のすくない仔鹿の肉もジューシーに仕上がるというわけです。また、背肉に刺した脂の先端が、肉から点々と飛び出して、白い斑点模様となりました。それは、生後二年までの仔鹿の毛並にみられる鹿の子斑のようにも見えたと、実際に作った方から伺いました。

しかし最近では、食のヘルシー志向が高まってフランス料理の流行も変化し、伝統的技法ピケを用いた料理の「レーリュッケン」は忘れ去られつつあるようです。

そして、現在「レーリュッケン」は、ドイツの郷土菓子の名前の方が広く知られています。それは鹿の背中の形に、斑点模様を模したユニークな焼き菓子です。生地をいれて焼く専用のレーリュッケン型は、樋のような半分の円筒形に波形がつけてあり、鹿の胴体部分をあらわしています。生地は外側がココア味、内側はアーモンド粉入りの二層のバターケーキからなります。ココア層を背中に見立て、アーモンドスライスなどで鹿の子斑模様を飾りつけます。リアルに仕立てるか、デザイン化するかは作り手次第。見た目にも楽しいお菓子です。

仔鹿の背をモチーフにしたふたつの「レーリュッケン」。料理人やパティシエ、作る人も食べる人もみな、その愛らしさに微笑みを浮かべたことでしょう。

鹿肉料理の発想と組み立て

鹿肉を使ってどんな料理でも作ることはできますが、そのいっぽうで相性ピッタリの調理法、食材やスパイスをみつけたときの嬉しさは格別です。それが鹿肉料理にチャレンジする楽しみであり、醍醐味なのかもしれません。

調理についていえば、羊肉や仔牛肉料理など脂肪の少ない赤身肉料理の調理法を参考にしていただけます。薄くたたいた肉を生ハムで挟んで揚げるカツは、仔牛ならぬ鹿肉のシュニッツェル。サテというインドネシア風串焼きも甘いピーナッツソースが鹿肉と合うでしょう。イタリアの羊肉料理に合うタプナード（黒オリーブとマッシュルームのペースト）は鹿肉のグリルにも添えたい奥深い味です。

また、好相性の食材を探すために、食材に共通する香りや風味をヒントに、五感を研ぎ澄まして複雑さの中から特徴をさぐっていきます。通常、鹿は樹々の青葉や草しか食べません。とくにホンシュウジカの肉には、草のような青っぽさ、グリーン・ノートを感じます。このわずかな酸味や苦みをふくむ青さには、清涼感のある辛みやスパイス、たとえば西洋料理のジュニパーベリー、和食の山椒やわさび、柚子胡椒が合います。またクミンは、清涼感に加えて、繊細な甘味や酸味、苦みのある辛みが特徴で、鹿肉料理をより複雑で個性的な味にまとめる点で秀逸です。

クミンは鹿肉とも相性のよいトマト、セロリ、パプリカや、ごぼうや蓮根などの根菜とも合います。これらの野菜とともに、クミンパウダーを肉の下味につけたり、シードをアクセントに使えば、あたらしい鹿肉料理の魅力をみつけるでしょう。

さらにちょっとクセのある魚醤やアンチョビ、コリアンダーの葉も、鹿肉料理に使うと新しい味や風味を組み立ててくれます。これらは少し使うだけで、鹿のクセを旨みに変える魔法の食材です。

鹿肉の調理から「鹿肉料理」が創り出されていく瞬間。それはとても興味深く、多くの人を惹きつけます。なぜなら未知なものから新しいものを生み出すことこそが、「鹿肉料理」の醍醐味なのですから。

RECIPE

食べ合わせのよい食材や調理法はあるの？

鹿肉の特徴を知って、
あなたの好きな「鹿肉料理」を
見つけてください。

また本書には、血のしたたる
赤いお肉の料理写真は載っていません。
十分に火をとおして、安全に
おいしく料理を食べてもらうことを
一番の目的としています。

本章では鹿肉の
栄養や調理法について
次章では安全性について
専門家の解説を付けています。

鹿肉をつうじて、
あたらしい世界が広がるでしょう。

くわ焼き

お肉を焼くとき、熱したフライパンに並べて「ジューッ！」と音と香りを楽しみたいもの。でも、待って！　冷たいフライパンにお肉を並べて、あとから火をつけてください。ゆっくり弱火で焼きましょう。

材料　- 4 人分 -

もも肉（背ロース）	250 g
舞茸	1/2 パック
白ネギ	2/3 本
銀杏の実（あれば）	適量
油	適量
小麦粉	適量
粉山椒（好みで）	適量

下ごしらえ

塩麹	大さじ 1 弱
（日本酒	大さじ 1）

合わせ調味料

しょうゆ	大さじ 1
みりん	大さじ 1
日本酒	大さじ 1
砂糖	小さじ 1/3

① ブロック肉はそぎ切り（ソテー・カット）にする。
② ビニール袋に①の肉と塩麹（または酒）を入れ、軽くもんで冷蔵庫でなじませる。
③ 肉は調理前に冷蔵庫から出し、室温にする。
④ 湯を沸騰させ火を弱め、肉を 1 ~ 2 分間湯どおししてとりだし、余熱で火を通す。→ **1**
⑤ ④の鹿肉に小麦粉を適量まぶす。
⑥ 舞茸は石突をとり、ほぐして小麦粉をはたく。白ネギは 3㎝長さに切り、フライパンまたは網で素焼きする。
⑦ フッ素樹脂加工のフライパンに油をひき「火をつける前」に鹿肉を並べる。　→ **2**
弱めの中火で蓋をして焼き、途中で裏返し焼き目をつける。
⑧ 合わせ調味料を鍋にまわし入れながら加え、全体に味を煮からめる。
⑨ 調味料がすこし煮詰まってきたら、⑥の舞茸を加えて炒め、白ネギ、煎った銀杏の実を加えてさっと味をからめる。
⑩ 器に盛り、好みで粉山椒をふる。

POINT

低い温度からゆっくり火をとおすと、焼きすぎて硬くなるのを防げます。粉づけすれば焼き目も香ばしく、調味料にとろみがつき味もからみます。キノコ、とくに舞茸はたんぱく質分解酵素を含みます。

1

2

材料 -4 人分 -

ブロック肉	300g
塩	9g（肉の重量の 3%）

にんにく（すりおろし）好みで適量
好みの野菜（セロリ、ニンジン、キャベツ、蓮根、ごぼうなど）

ブーケガルニ

セロリの葉、ローリエ、パセリの茎、ローズマリーの茎、コリアンダーの茎、タイム

◆ 塩マリネ ◆

肉に塩とにんにくをまんべんなく塗り、ペーパータオルを巻きラップをして冷蔵する。２～７日以内で調理する。

① ペーパータオルとラップを取り外し、表面の塩分を洗い流す。
② 鍋に肉と水、ブーケガルニを入れて火にかけ、アクをとりながら弱火で煮る（1時間半）。
③ 肉に火がとおったら、野菜を加え、柔らかくなるまで煮る。
④ 塩・コショウで味をつける。

余ったブロック肉は、
塩でマリネしておき茹でて
ポトフに！

veni
ボルシチ

色も鮮やか、女子力アップにおすすめの鹿肉料理といえばvenison（鹿肉）のボルシチ！ビーツと鹿肉は鉄分豊富な最強コンビです。いっしょに煮込んだ野菜のおいしいこと！

材料 - 4人分 -

スネ肉	400g
ベーコン	50g
ニンジン	1本
セロリ	1/2本
玉ねぎ	1個
キャベツ	1/6個
バター	20g
ビーツ（缶）	1缶(400g)
ホールトマト（缶）	1缶(400g)
赤ワインビネガー	大さじ2
ビーフブイヨン	1個
ローリエ	1枚
水	2カップ
塩	適量
コショウ	適量
サワークリーム	適量

下味

塩麹	大さじ1強
にんにく(みじん切り)	1かけ
コショウ	少々

① スネ肉は大きめの一口大に切る。
② 下味をもみ込む（数時間～半日）。→ **1**
③ ベーコンは1cm角の棒状に切る。
④ ニンジン、スジを取ったセロリは3cm長さの棒状に切る。
⑤ 玉ねぎ、キャベツはくし切りにする。
⑥ ビーツは汁をわけ、1.5cm幅に切る。
⑦ フライパンにバターを熱し、②の鹿肉を加えて炒め、③とローリエも加えて炒める。
⑧ 鍋に⑦と、かぶるぐらいの水を加え、アクをとりながら、スネ肉を柔らかくする(約2時間)。(圧力鍋の場合は約20分)。
⑨ キャベツとビーツ以外の野菜、ホールトマト、ビーツの汁、赤ワインビネガー、ビーフブイヨン、塩少々を加えて煮込み、柔らかくなったら、キャベツとビーツも加えて煮込む（約15分）。→ **2**
⑩ 塩、コショウで味をととのえて器に盛りつけ、サワークリームを添える。

POINT

スネ肉は、長時間煮込むとよく縮みます。少し大き目に切っておくとよいでしょう。コラーゲン質は圧力鍋で柔らかくなり、旨みが増します。サワークリームは別添えで、あっさり味とコクありを楽しんで。

1

2

青椒鹿肉絲

中国料理の手順を踏めば、まちがいなし！
酒で水分を含ませ、溶き卵で弾力をつけて、
片栗粉で閉じ込めて、油でふたをする。
柔らかくジューシーな鹿肉料理の出来上がり。

材料 -3～4人分-

もも（背ロース）	250g
ピーマン	3個
もやし	50g
油	大さじ 1+1/3

下ごしらえ

塩麹	大さじ 1

下味

日本酒	大さじ 2
コショウ	少量
溶き卵	1/2個
片栗粉	大さじ 1+1/2
油	大さじ 1+1/3

合わせ調味料

しょうゆ	大さじ 2
日本酒	大さじ 1
水溶き片栗粉（片栗粉 1：水 1）	小さじ 1
砂糖	小さじ 1
コショウ	少量

① ブロック肉は、筋肉繊維に沿って細切り（スティック・カット）にする。ビニール袋に鹿肉と塩麹を入れ軽くもみ冷蔵庫に入れる。
② もやしはひげ根をとり冷水に放ち、ピーマンは縦半分に切ってから、繊維に垂直に細切りにする。
③ 鹿肉をボウルに入れ、下味の酒とコショウを加えて手でよく混ぜ合わせる。→ **1**
④ 肉が水分（酒）を吸って柔らかくなったら、溶き卵を少しずつ加えて揉みこむ。→ **2**
⑤ 卵が肉になじんだら、片栗粉を加えてよく混ぜあわせる。最後にサラダ油大さじ 1+1/3 を加えてよく揉み込む。ラップをかけて 10 分ほどおき、味をよくしみ込ませる。
⑥ 湯をわかし、ピーマンと水気を切ったもやしを入れ（15秒間）、取り出してザルにあげて水気を切る。合わせ調味料をボウルに合わせておく。
⑦ 鍋に油をなじませ、鹿肉をいれてから、火をつける。鹿肉をほぐすように炒め、色がかわってきたら、⑥の野菜をいっきに加え、軽く混ぜる。
⑧ 合わせ調味料をもう一度よく混ぜてから、コショウを加える。2～3回炒め返して、全体に調味料がからまるよう、強火で手早くあわせて仕上げる。

1

2

POINT

市販の塩麹は加熱により酵素が失活している場合があります。フリーズドライの塩麹や粉末の米麹は常温品で品質も安定していて便利。なければお酒でも OK。アルコールによる軟化作用が期待できます。

ミートパイ クミン風味

鹿肉と相性のよいスパイスのひとつ、クミン。
クミンの独特の芳香とほろ苦さが鹿肉のよさを引き立て料理を軽やかに仕上げます。
黒オリーブやゆで卵との組み合わせも絶妙。

材料 - 20 cm× 12 cm 3個分 -

挽き肉	250g
玉ねぎ	1/2個
ゆで卵	1個
黒オリーブ	3個
にんにく	1/2かけ
トマトペースト	18g
クミンパウダー	小さじ1/2
オリーブオイル	大さじ1/2
塩、コショウ	少々
小麦粉	大さじ2
パイシート(冷凍)	6枚
水溶き卵黄	適量

① にんにく、玉ねぎをみじん切りにし、ゆで卵、黒オリーブを粗みじんに切る。
② フライパンにオリーブオイルをいれ、にんにくと玉ねぎを弱火で炒める。
③ 挽き肉、トマトペースト、クミンパウダーを加えて、塩、コショウし、小麦粉を振り入れてなじませて炒め合わせる。→ **1, 2**
④ バットに移して粗熱をとり、冷ましておく。→ **3**
⑤ ①のゆで卵、黒オリーブをまぜ合わせる。
⑥ パイ生地を冷蔵庫で固めに解凍し、小麦粉(分量外)をかるくふった台の上にのせる。
⑦ めん棒でのばし、3等分した⑤をおく。→ **4**
⑧ 生地をもう一枚重ね、合わせ目をフォークで押さえ波形をつける。フォークで空気穴をあける。
⑨ 水溶き卵黄を表面に塗る。
⑩ 200度に予熱したオーブンで、20～25分、こんがりと焼き色がつくまで焼く。

POINT

クミンはパウダーで使うとフィリングにおだやかな風味を与え、味をまとめます。お好みでシードを少量加えると、噛んだときに香りがたち、よりインパクトのある仕上がりになるでしょう。

1

2

3

4

挽き肉をクミンでいためておき
トマト入りオムレツに！

材料 -4 人分-

卵	2 個
鹿そぼろ	20g
湯むきトマト	20g
小麦粉	小さじ 1
塩	少々
クミン	少々
砂糖	ひとつまみ
油	適量

◆ 鹿そぼろ ◆

開封後、すぐに使わない挽き肉はクミンパウダー、塩・コショウで味をつけ、油で炒めます。挽き肉に脂が多い場合は、湯通しをして脂をとりのぞいてから炒めると、脂の酸化からくる臭いを軽減できます。

① トマトを湯むきして種をとりのぞき、1㎝の角切りにする。

② フライパンに油をひき、鹿そぼろとトマトを炒める。塩、クミン、砂糖を加えて、トマトの水分をすこし飛ばし、小麦粉を加えてまとめ、とりだしておく。

③ 卵を溶き、塩で下味をつける。

④ フライパンに油をなじませ、③を流し入れ、軽くまぜる。

⑤ ②をのせ、卵の形をととのえる。

余り肉

和の滋養スープ

お腹に底力をつけてくれる鹿肉料理。椎茸や昆布出汁で鹿肉の滋味を引き出します。意外と合う大根と魚醤。酢を入れるとすっきりとした飽きのこない味になります。

材料　- 4 人分 -

もも肉（スネ肉）	250g
大根	1/2 本 （2 ㎝厚 4 枚）
ネギの青葉	1 本分
ショウガの皮	1 かけ分
干し椎茸	2 〜 3 個
干し椎茸戻し汁	150cc
昆布出汁	200cc
大根葉	適量

お肉用の下味

にんにく（すりおろし）	小さじ 2
ショウガ（すりおろし）	小さじ 1
砂糖	小さじ 1/2
醤油	大さじ 2/3

お汁の味付け

日本酒	小さじ 2
酢	大さじ 1/2
魚醤	小さじ 1
塩	少々

① 干し椎茸を水でもどし、昆布を水につけ、出汁をつくる。
② ふろふき大根をつくる。大根を厚めに 4 枚切り、皮を繊維の内側からむき、面取りする。→ **1**
③ 鍋に①と、かぶるくらいの水、生米ひとにぎりを加え、竹串がすっととおる程度に下茹でする。
④ もも肉を下処理する。大根おろし（端の部分）をまぶしておく。
⑤ ③を大根の皮、ネギの青葉、ショウガの皮を入れた湯で下茹でし、茹で汁を濾しておく。→ **2**
⑥ お肉に下味をつける。
⑦ 大根葉（または青菜）を湯がき、3㎝長さに切る。もどした椎茸を一口大に切る。
⑧ 鍋に昆布出汁と椎茸出汁、④の汁を合わせて600cc にし、火にかける。温まったら調味料、椎茸、ふろふき大根、肉を加えて煮ふくめる。
⑨ 塩で味をととのえ大根葉をあたため、器によそう。

POINT

鹿肉は魚醤や昆布出汁のような魚介由来の風味とも相性が抜群です。大根に葉がついていない時、青味に大根の間引き菜やカブの葉、からし菜を使うとよいでしょう。セリや香菜などの香草もあいます。

1

2

シンプル肉団子

３度揚げで、中までゆっくり火を通します。つなぎなし、しっかりとした鹿肉らしい味と食感の肉団子です。たっぷりの野菜と一緒に召し上がってください。おつまみにもどうぞ。

材料 - 15 ～ 20 個分 -

挽き肉	250g
にんにく（みじん切り）	1 かけ分
香菜の茎（みじん切り）	2 本分
クミンパウダー	少々
魚醤	少々
揚げ油	適量

① ボウルに挽き肉、にんにく、香菜、クミンパウダー、魚醤を入れる。
② 手早く手で混ぜ合わせる。
③ 左手で②の適量をフワッとつかみ、小指から人差し指側へしぼるように握る。親指と人差し指のあいだから丸く絞りだす。→ **1**
④ 裏返したバットに油をぬって並べると、あとでとりやすい。→ **2**
⑤ 中高温の揚げ油に静かにおとす。→ **3**
⑥ すこし見て、表面がかたまってきたら菜箸で裏返し色づきはじめたら取り出し、油をよく切る。→ **4**
⑦ 数分間、余熱をとおしてから、2 度目は短めに揚げる。同じ要領で 3 度揚げする。

＊ 肉団子用の挽き肉は、スジや脂を取り除いたもも肉のグランドミートの細挽きがおすすめです。

POINT

鹿肉には粘りがあるので、つなぎがなくても団子はくずれません。高温で一度に揚げると中まで火がとおっていなかったりパサつきやすくなります。数回にわけて、余熱で火をとおすようにしましょう。

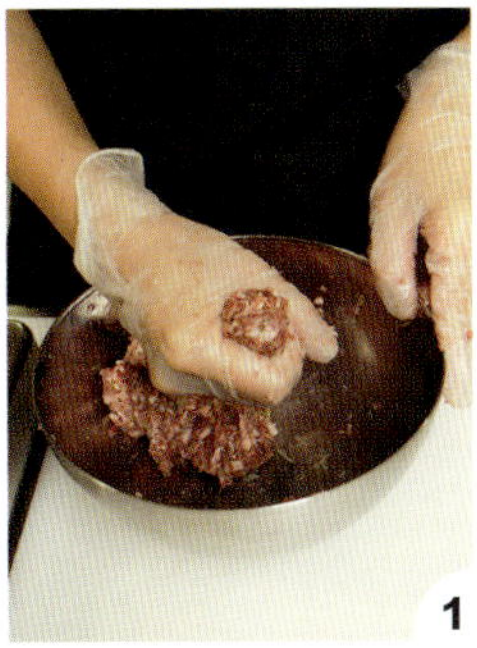
1

2

3

4

スパイシー薬膳カレー

畜肉エキス、畜肉脂、小麦粉フリーのカレー。鹿肉、野菜、スパイス、ごま油だけでつくりました。しっかり煮込んだ凝縮感と、あっさりとしたあと味が特徴です。食後、胃腸は軽くなる！？

材料 - 4人分 -

もも肉（スネ肉）	250g
玉ねぎ（中）	1個
トマト（中）	2～3個
にんにく	ひとかけ
ショウガ	ひとかけ
ごま油	大さじ2強

粉末のスパイス

パプリカ	大さじ2弱
ターメリック	大さじ1弱
ガラムマサラ	小さじ1
カイエンヌ（またはチリ・パウダー）	小さじ1/2
ローリエ	1枚
塩	小さじ2強
水	400cc

① ブロック肉は一口大のダイス・カットにする。
② 玉ねぎ1/4個をすりおろし、肉にからめておく(30分)。
③ 残りの玉ねぎ、にんにく、ショウガをみじん切りにする。トマトは粗みじんに切る。
④ 鍋に油をなじませ、鹿肉をいれて火をつけ、にんにく、ショウガをいれてかるく炒める。→**1**
⑤ 粉末のスパイス、ローリエ、塩を加える。
⑥ 玉ねぎ、トマトを加え、野菜からでる水分がなくなるまで煮詰める。
⑦ 水分がなくなったら、水を加える。→**2**
⑧ 15~20分ほど強火で煮込んだらできあがり。

POINT

野菜の水分を煮詰めたあと、水を足して煮込むとき、強火の方が油と水分が乳化して味がまとまります。鹿肉の中でもクセのあるスネ肉を使う場合は、にんにくで下味をつけ、ごま油で炒めると風味がアップします。

ブロック肉を香味オイルでマリネし**グリル**に！

材料

ブロックまたはスライス肉	300g
つけあわせの野菜	
じゃがいも、玉ねぎ、にんじん、にんにく	

◆ 香味オイル ◆　下記をペースト状にする。

オリーブオイル	80 cc
アンチョビ・フィレ	2 ～ 3 枚
レモンの皮（すりおろし）	1 個分
ローズマリーの葉（みじん切り）	小さじ 2
にんにく	2 かけ

① ブロック肉の場合、100g 前後の棒状に切り分ける。
② 香味オイルを肉にまんべんなく塗り、ビニール袋に入れる（できれば真空パックする）。
③ 冷蔵庫に入れ、3 ～ 4 日間マリネする。
④ 袋ごと湯煎する（スライス肉で 7 ～ 8 分。ブロック肉で 10 ～ 12 分）。火をとめて、さらに１０～１５分間、湯につけておく。
⑤ グリルパンやフライパンに油をひき、表面を焼く。ブロック肉はスライスして盛り付ける。

栄養について

吉村美紀

牛肉・豚肉と鹿肉のちがい
高たんぱく・鉄分豊富

鹿肉は低脂肪でたんぱく質と鉄分・ミネラルを多く含みます。その栄養的特徴から、若年者や女性の鉄欠乏性貧血予防のための食肉としての利用に多いに役立つといえます。

また高齢になれば「肉食より魚食が良い」「あっさりしたお茶漬けが食べたい」とよく言われてきましたが、肉や卵など動物性たんぱく質を多く摂取している高齢者の方が、植物性たんぱく質が中心の高齢者に比べ老化の速度が遅く、病気になりにくいことがわかってきました。

つまり動物性たんぱく質を効率的に体に取り入れ、体の栄養状態を高めながら生活活動度を高く保つことが大切です。魚と肉の摂取は1対1程度の割合で、肉はさまざまな種類を摂取し、偏らないことが薦められています。

そこで鹿肉を食事に取り入れることは、若年者だけでなく高齢者の低栄養予防のための良質なたんぱく源として、良質な脂質を含む食肉として、多いに役立つといえます。

ただし、基礎疾患をお持ちの方は、過剰摂取により糖尿病や脂質代謝異常症を悪化させる可能性もあります。そのような方は、十分に注意をする必要があります。

鹿肉と家畜肉の栄養

獣畜種	栄養素 / 食品名	エネルギー (kcal)	たんぱく質 (g)	脂質 (g)	鉄分 (mg)
鹿	丹波鹿肉 もも、赤肉、生	89	21.0	0.7	3.2
鹿	えぞしか肉 赤肉、生	147	22.6	5.2	3.4
牛	うし(和牛肉) もも、赤肉、生	193	21.3	10.7	2.8
豚	ぶた(大型種肉) もも、赤肉、生	128	22.1	3.6	0.9
鶏	にわとり(成鶏肉) もも、皮なし、生	138	22.0	4.8	2.1
馬	うま 肉、赤肉、生	110	20.1	2.5	4.3

(可食部100g中)

鹿肉に多く含まれるカルニチンとは

鹿肉は、牛肉、豚肉、鶏肉などに比べてカルニチンを多く含んでいます。カルニチンは、筋肉におけるエネルギー発生にかかわる機能性アミノ酸で、運動やダイエットとの関連で注目されています。

その仕組みは、すこし専門的な話になりますが、次のとおりです。カルニチンは、遊離カルニチンと三位の水酸基に脂肪酸が結合したアシルカルニチンとして存在しています。そのカルニチンは脂肪酸を細胞質からミトコンドリア内部に運搬する役割を持ち、そこで脂肪の代謝、エネルギー発生を伴います。このことから、カルニチンは運動・ダイエットと関係しているとして注目されているのです。

また、アシルカルニチンの中でもアセチルカルニチンは血流脳関門を通過することができます。これにより、脳機能向上や疲労・ストレス軽減などの効果をもつことがわかっています。

このように鹿肉は遊離カルニチン、アセチルカルニチンを、他の肉よりも多く含んでいることから、牛肉、豚肉、鶏肉以上に、脂肪の代謝や、脳機能向上の促進に貢献できる機能性食品としての活用が期待されます。

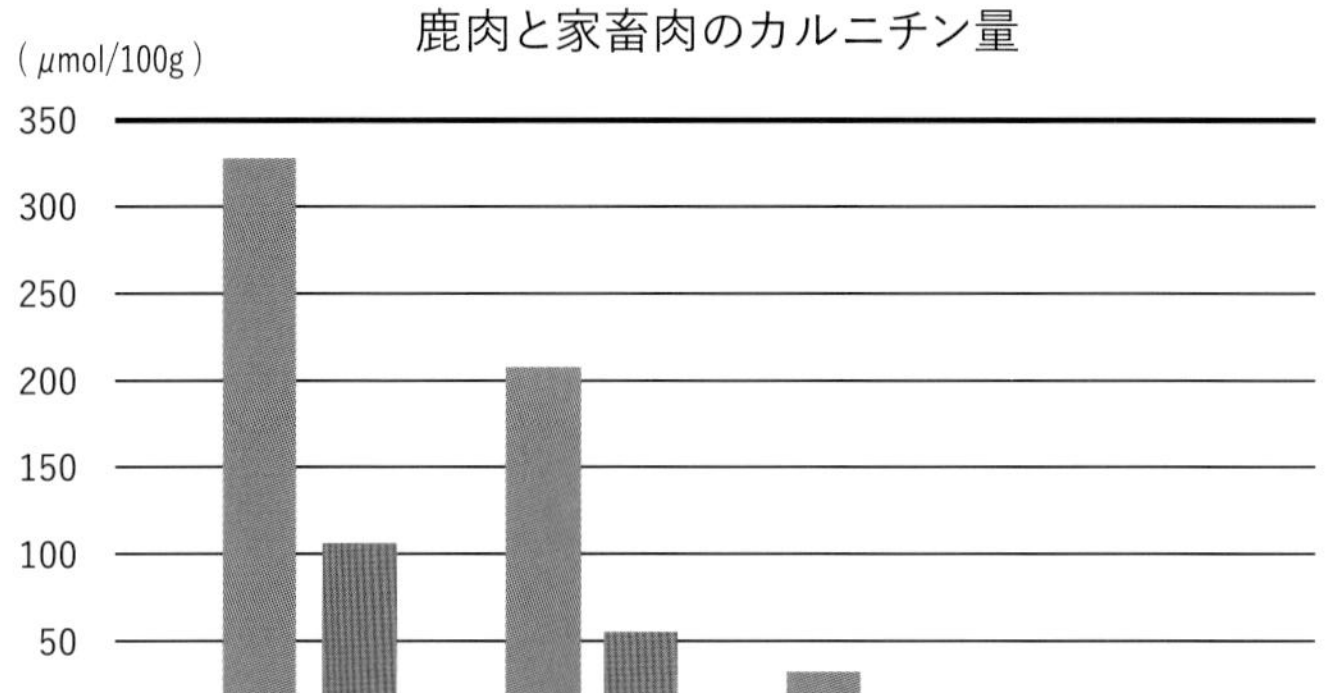

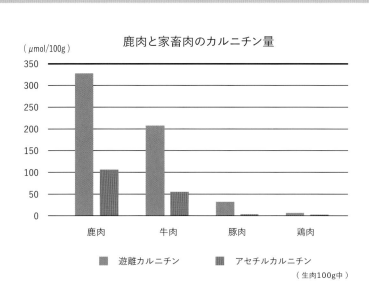

調理法について

吉村美紀

低脂肪、しかも健康に好ましい質の脂肪

鹿肉は、エゾシカ、ホンシュウジカのいずれもたんぱく質を多く含み、低脂肪なことが知られています。

鹿肉の脂質割合を、脂身の少ない牛のもも部位の赤身と比較しますと、和牛肉と国産肉よりも少なく、輸入牛肉と同程度になります。

脂肪の成分である脂肪酸にオメガ６系不飽和脂肪酸とオメガ３系不飽和脂肪酸があり、健康にはその比率が重要とされています。

鹿肉中のオメガ３系不飽和脂肪酸の割合は牛肉よりも高いので、オメガ６系とオメガ３系不飽和脂肪酸比率（オメ

調理法によるちがい

鹿肉に含まれるカルニチンは、体内で必須アミノ酸であるリジンとメチオニンから合成されます。残念ながら加齢とともに合成能力は減少し、ヒトの骨格筋中でのカルニチン量の加齢による変化は、遊離カルニチンよりもアセチルカルニチンの減少が激しいとされています。加齢とともに減少するカルニチンを体内に供給するために、食事から補うことが推奨されています。是非、カルニチンを多く含む鹿肉を多いに利用したいものです。

遊離カルニチンは親水性

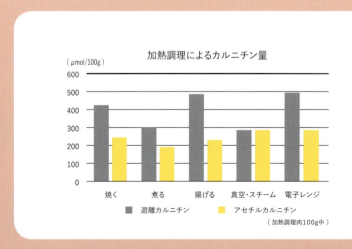

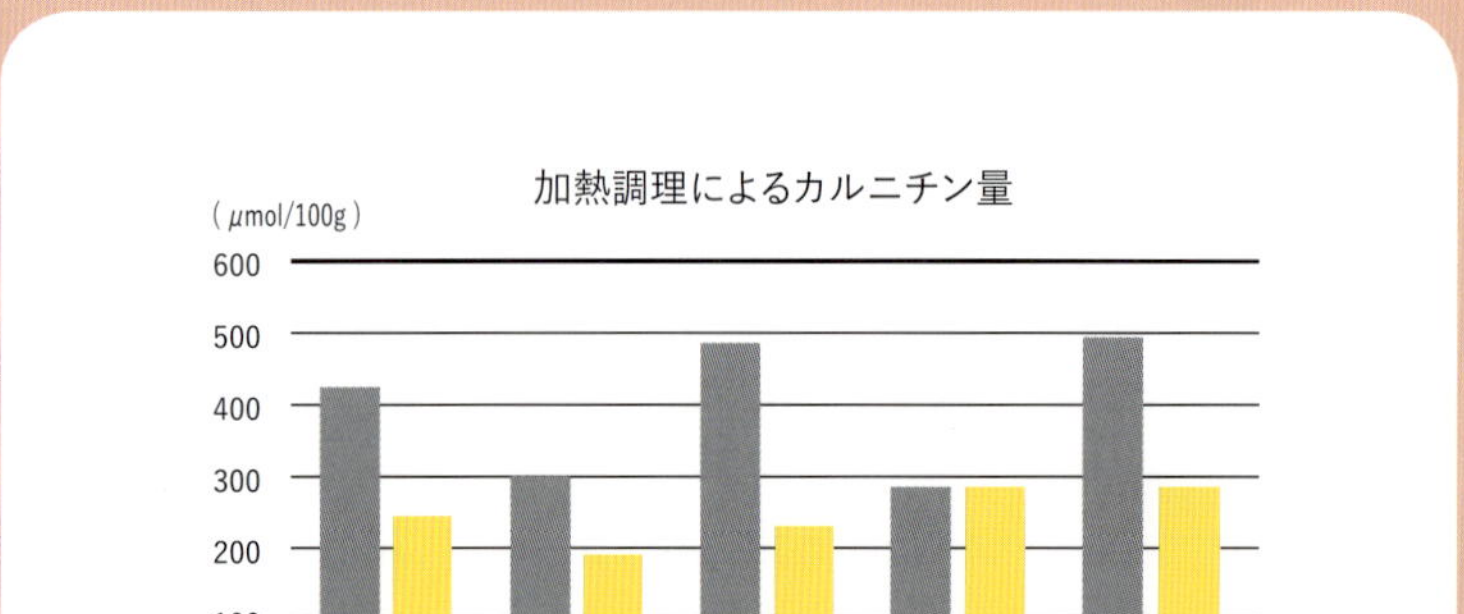

ガ6／オメガ3）はかなり低くなることが示されました。健康への影響では、その比率が増加しますと、血栓症による脳梗塞や心筋梗塞、動脈硬化などの生活習慣病やアトピー性皮膚炎や花粉症などのアレルギー疾患、大腸がんや乳がんを引き起こしやすいとの報告があります。

　鹿肉は低脂肪で、なおかつ脂肪の質も健康に好ましいため、生活習慣病予防およびアレルギー疾患予防に役立つ食肉として、その利用が高まることが期待されます。

　では次に、カルニチンを効率的に摂取できる調理法や下ごしらえに麹がすすめられる理由について解説します。

ですので、鹿肉からの肉汁の流失に伴ってカルニチン量は減少します。煮る調理と真空・スチーム加熱では、肉汁とともにカルニチンが溶出しますが、鹿肉を煮汁とともに食べる料理では損失したカルニチンを煮汁で補うことができます。焼く、揚げる加熱では遊離カルニチンの損失は少ないのですが、アセチルカルニチンを除く疎水性アシルカルニチン類の減少がみられます。

　電子レンジ加熱調理では、遊離カルニチンの減少は少ないものの、加熱によって肉汁量が著しく減少するため、肉が収縮し硬く、食感が悪いものになります。

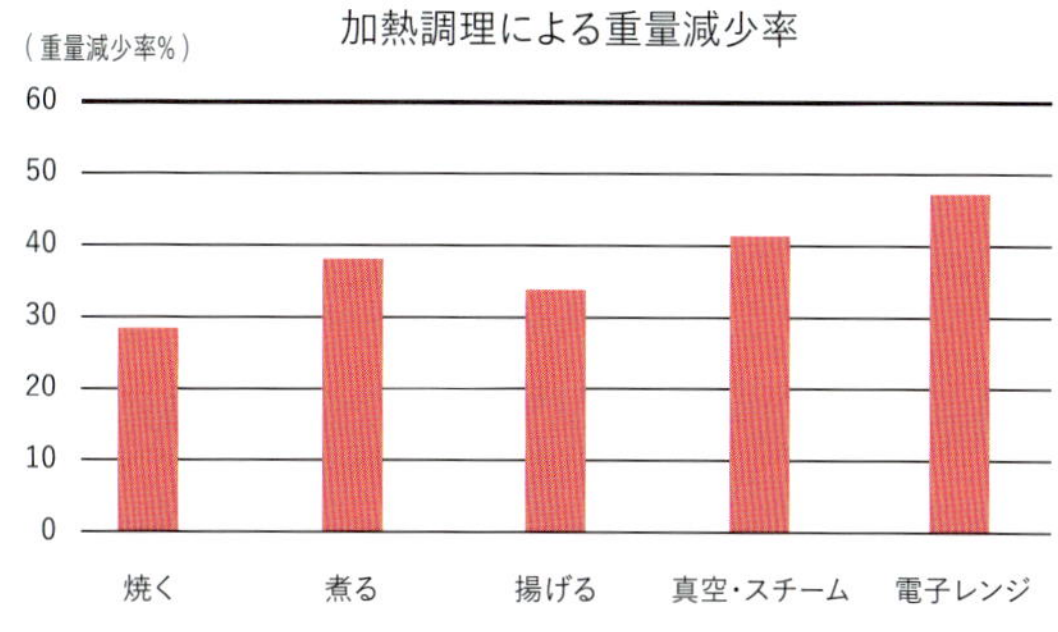

鹿肉の効果的な調法

鹿肉は脂肪分含有量が低いため、加熱調理することで、肉が硬くぱさぱさした食感になり、また脂肪から得られるうま味などが少ないなどの理由であまり好まれないこともあります。これまで、風味を増すため、豚脂など他種肉類の脂肪を付加する調理・加工方法、ワインによるマリネなどが工夫されてきました。また、天然の麹を用いて再熟成させる調理法もあります。

とくにニホンジカの中でもホンシュウジカは体格が小さく、鹿肉の熟成中に脂質酸化が進み、不快臭が発生することを避けるため、肉の熟成期間は四〜七日間と比較的短めに設定されています。そのために、肉質が硬めで遊離アミノ酸量の蓄積が少ない場合もあります。

ですから、天然の麹を用いて調理前に再熟成させることは、鹿肉の肉質を柔らかく、うま味を向上させる方法として最適な方法といえます。天然の麹に存在するプロテアーゼにより、鹿肉に含まれるたんぱく質が分解されます。再熟成では、再熟成前の鹿肉に比べて、約二倍アミノ酸量が増加していました。また、加熱調理後の鹿肉の試食では、柔らかく食べやすいと評価されました。

鹿肉の栄養成分ー種類によるちがい

鹿肉を使った料理では、エネルギー量が低く、鉄分などの栄養素量が高くなることが期待されますので、その栄養成分量の実際が気になるところです。

二〇一四年までの食品標準成分表に記載されている鹿肉の栄養成分値は、ニュージーランド産の冷凍品「あかしか赤肉、生」のみでした。近年、国内で捕獲される鹿肉の食肉活用への機運が高まってきたことで、日本食品標準成分表二〇一五年版（七訂）において、「にほんじか　赤肉、生」としてエゾシカが、はじめて追記されました。

「あかしか」一〇〇グラム中のたんぱく質は二二・三グラム、脂質は一・五グラム、エネルギー一一〇キロカロリーであるのに対し、「にほんじか（エゾシカ）」はそれぞれ、二二・六グラム、五・二グラム、一四七キロカロリーです。「にほんじか」は「あかしか」よりやや脂質量が高く、エネルギー量が高く示されています。

エゾシカは北海道に生息し、比較的夏場は脂質量が高く、餌の少なくなる冬場は脂質量が減少することが報告されています。本州に生息するホンシュウジカはエゾシカより脂質量が少ないと報告されています。

LESSON

森の恵み、美しい天然の肉

鹿肉は、写真のように
とてもきれいなお肉です。

家族の記念日や、
週末のチャージアップに、
お友達とのプチパーティに
一皿いかがですか?
すこし慣れてきたら、
ブロック肉も試してください。

料理に合わせた切り方や
部位ごとの特徴を知れば、
鹿肉料理の腕も
グンとあがるでしょう。

ステップ・バイ・ステップ
で楽しんでくださいね。

お肉について

お肉の選び方

お肉は、本書 P.56 ～ 61 で紹介するような、信頼できる加工所やお店で品質のよいものを求めましょう。

鹿肉は通常、冷凍品で流通します。

★ パックの中にドリップ（肉汁）が少ないもの
★ 冷凍焼けで白く変色していないもの
★ 霜がたくさん付着していないもの

これらのものを選ぶことが大切です。

部位の図解

背ロース	別名	ロイン	P.44
もも			
うちもも	別名	こばん	P.45
そともも	別名	もも	P.46
しきんぼう	別名	しんぼう ヒレもどき	P.47
しんたま	別名	まる しんしん	P.48
スネ	別名	はばき	P.49

肉の解凍

解凍は低温でゆっくり解凍するのがおすすめです。冷蔵庫の氷温室（チルドルーム）で行なうと、細胞へのストレスが少なくドリップ（肉汁）が出にくいです。

使いやすい少量パック

気軽に使える少量パックは、普段使いに重宝します。
鹿肉料理にはじめてチャレンジする方にもおすすめです。

開封の仕方

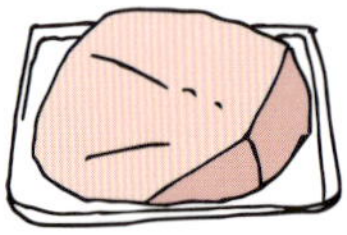

開封したらペーパーで包んでお皿にのせ30分程度、冷蔵庫で休ませましょう。

本格派にブロック肉

脂肪の少ない鹿肉は、筋肉繊維に対する切り方ひとつで食感や味のしみ込み方が大きくかわります。つくる料理にあわせて、ブロックからカットすると、料理の腕もあがるでしょう。

解凍後の保存

- 開封後の保存は氷温室が最適です。
- 空気に触れないようにラップでしっかりと包み、さらに密閉容器や保存用ポリ袋に入れておきましょう。
- 解凍後は酸化が進みますので、冷蔵庫で3～4日を目安に消費しましょう。
- ミンチやスライス肉は、カットされた断面から鮮度が落ちやすいので、早めに使い切りましょう。
- 真空パックがあれば、保存には有効です。

ブロック肉からの切り方

料理メニューにあわせた切り方が大切になります。

❶ 直角にカット　ステーキ・カット/メダリオン・カット

筋肉繊維の流れに対し、直角に切ります。食感を柔らかくし、肉の中心まで早く火が通ります。

- 「背ロース」のステーキなどに。

❷ 平行にカット　カツ・カット

筋肉繊維の流れに対し、平行に切ります。肉の中心まで、比較的ゆっくりと火が通ります。

- 「そともも」を5ミリ厚に切りカツやフライに。
- 「そともも」を2ミリ厚を串にさして串焼きに。

❸ そぎ切り　ソテー・カット

筋肉繊維に対し、斜めにそぎ切りします。火の通りや食感の柔らかさは、直角と平行にカットの中間です。厚みのない肉から、表面積のある一切れをとるときに重宝します。

- 「そともも」を3ミリ厚に切り、炒め物などに。

❹ 角切り　ダイス・カット

サイコロ状にカットします。火の通りを均一にし、見栄えをよくするために、大きさを揃えることが重要です。

- 「そともも」や「スネ」の角切りをカレーやシチューなどの煮込み料理に。
- 「うちもも」を4ミリ角に切り、炒めてステーキピラフなどに。

❺ 細切り　スティック・カット

筋肉繊維の流れに平行に切った肉を、棒状に切る方法です。

- 「そともも」を棒状に切り、青椒肉絲や野菜炒めなどに。

❻ 挽き肉

挽き肉には、グランドミート（部位別の挽き肉）と、ミンチ（トリミングミートや、整形や小割・筋引き作業中にでた小肉をひき肉にしたもの）があります。

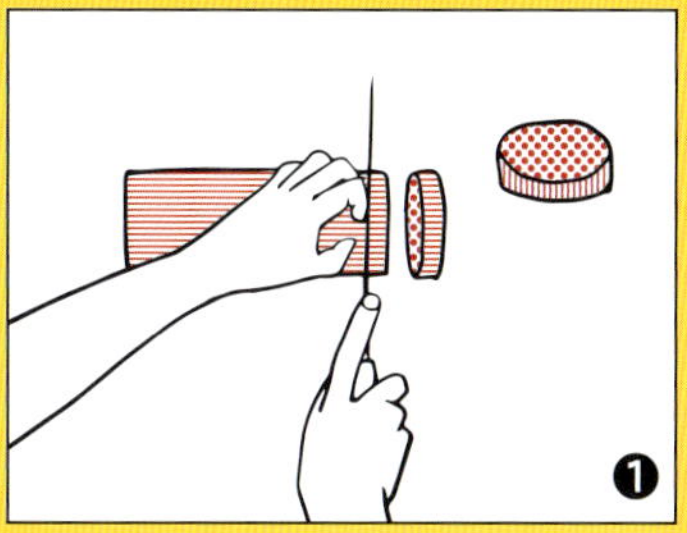

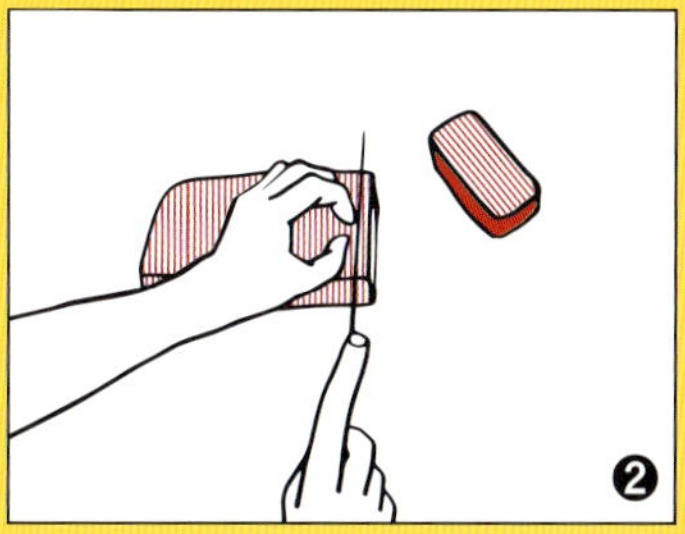

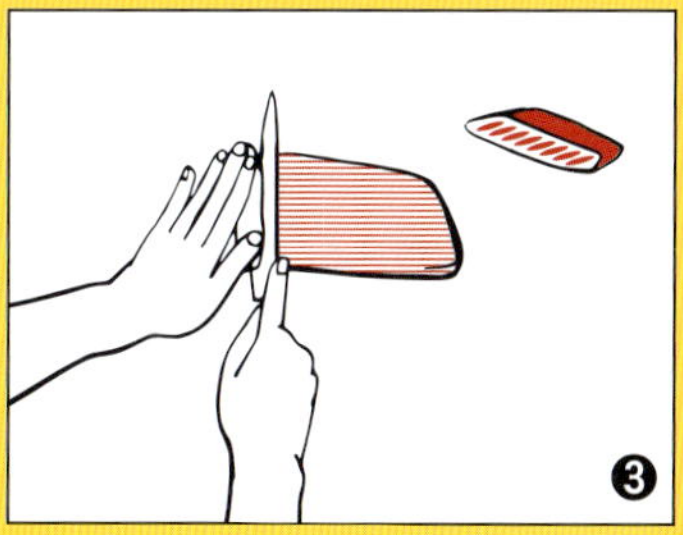

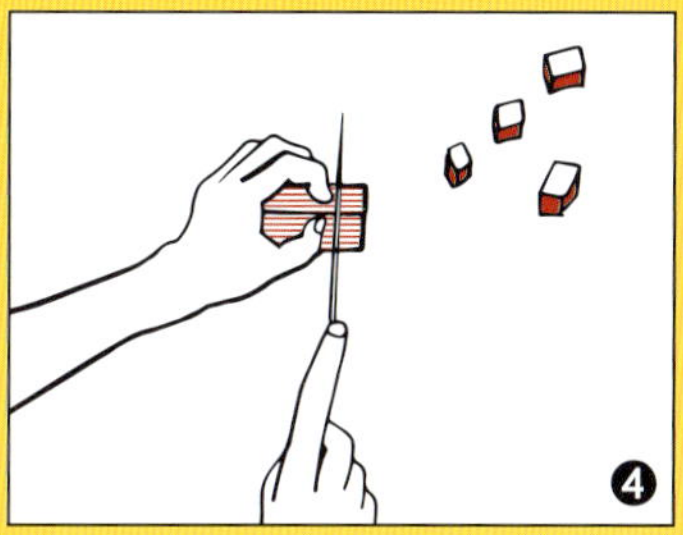

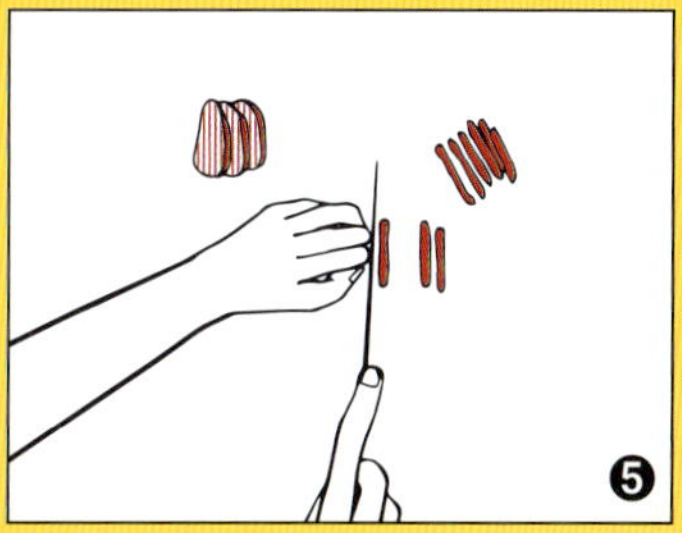

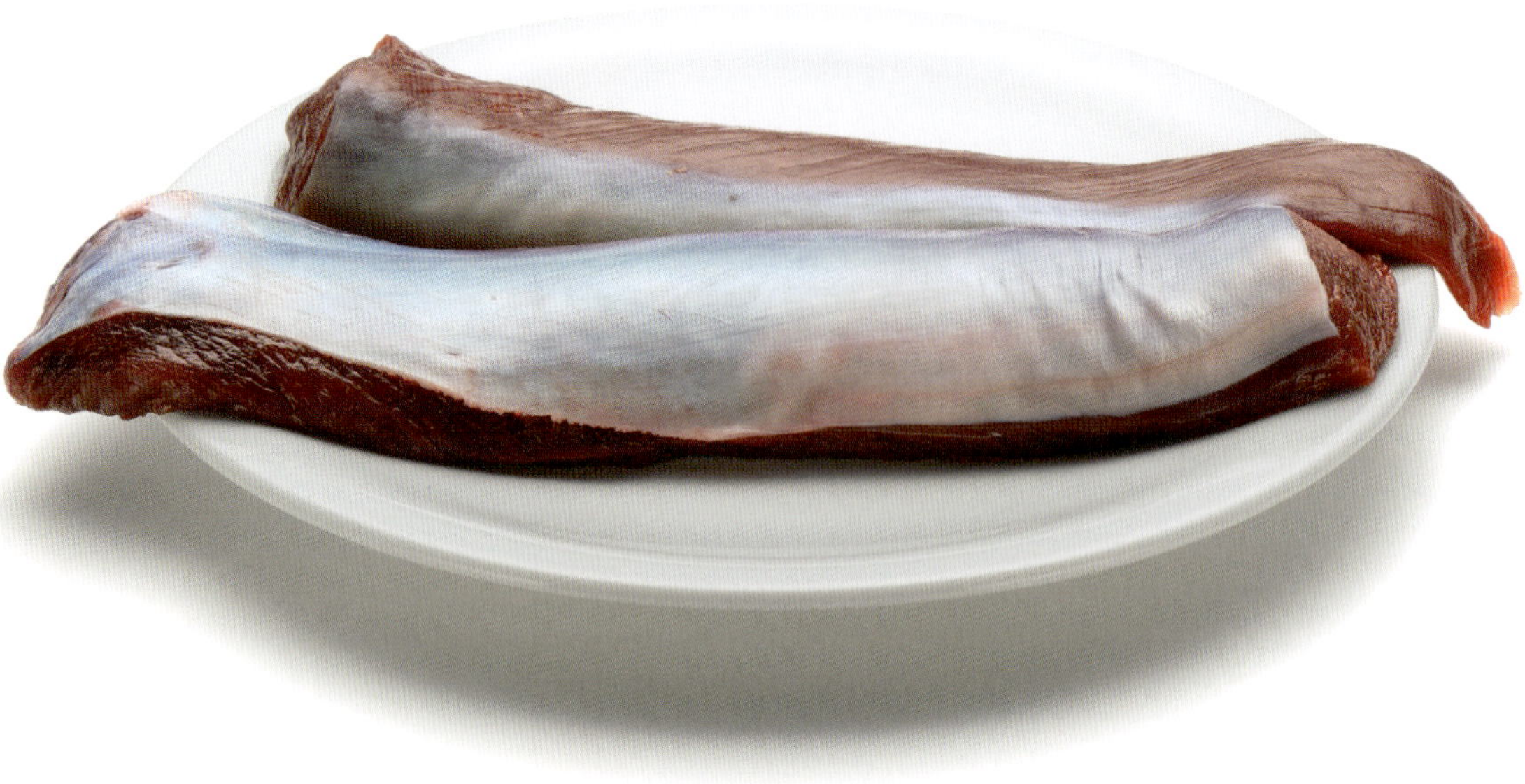

背ロース

別名　ロイン

部位の特徴

・見栄えのする高級な部位。
・肉質はきめ細かく、臭いも少ないです。
・脂肪分は少なく、柔らかな肉質です。
・円筒形で筋肉繊維の流れが一方向なので、調理がしやすいのも利点です。

合う料理

・太く形が整った部分は、ブロックのままローストや塩釜焼きに。
・直角カット（ステーキ・カット）でステーキや、厚めに切り椀物や煮物に、薄切りにしてしゃぶしゃぶに。
・端の細い部分はそぎ切り（ソテー・カット）にして、焼肉、炒め物に。

下処理

表面の筋のトリミング（イラスト参照）。
① 筋膜を包丁の先で肉からはがします。
② 筋膜をひき、取り除きます。
③ 上下を返し、イカの皮引きの要領で。

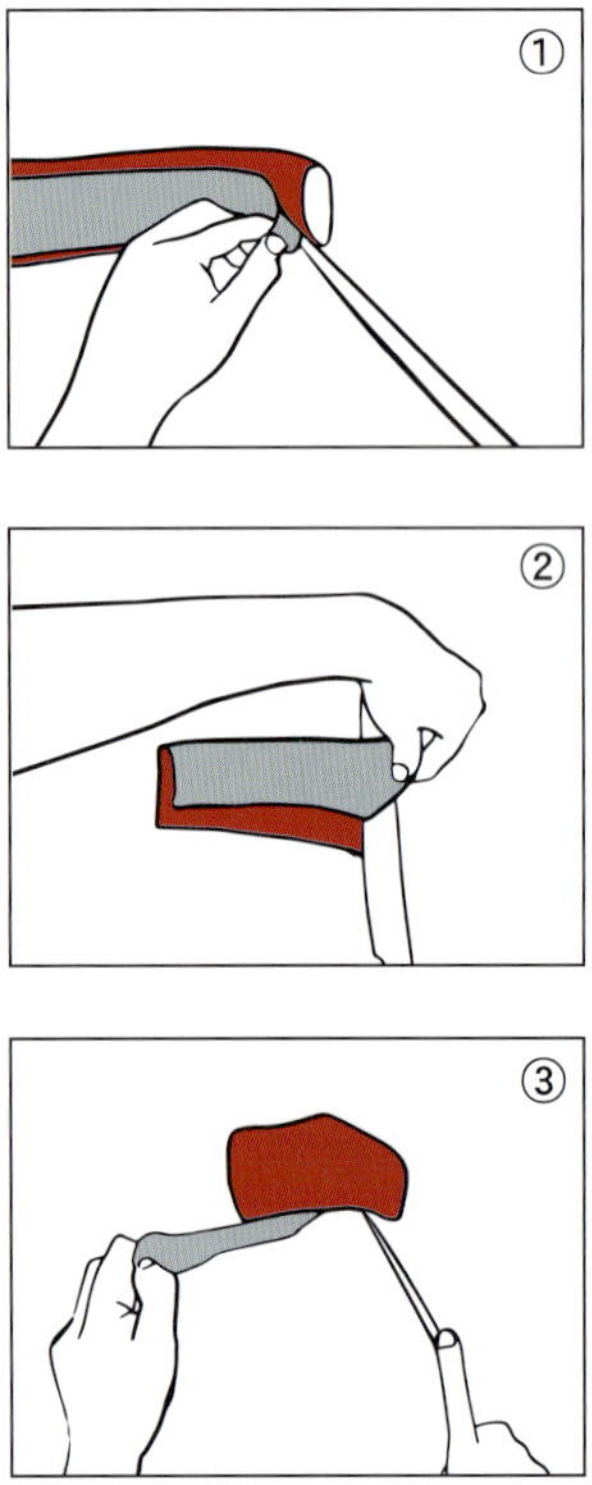

うちもも

別名 こばん

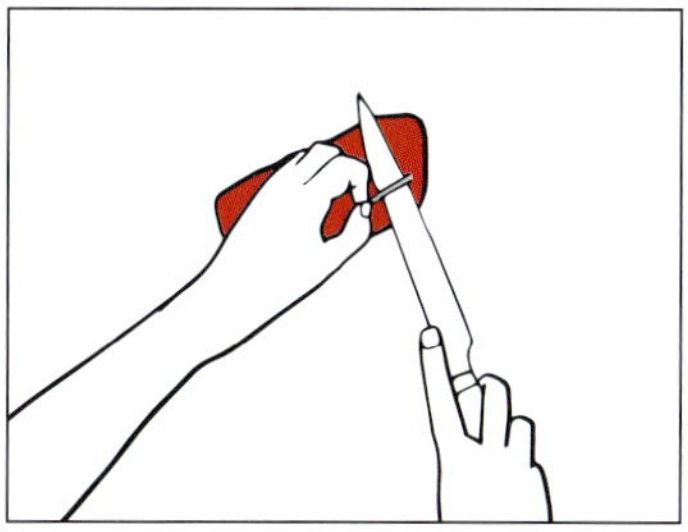

部位の特徴

・比較的厚みが均一で、太筋がないので、扱いやすいのが利点。
・肉質、キメ、臭いも平均的。
・下味が入りやすく、ブロックのまま漬け込む料理やハムの加工にも向いています。

合う料理

・大き目の角切り（ダイス・カット）にして、カレー、シチューなどの煮込み料理に。
・小さ目の角切りにして、ステーキ・ピラフに。
・直角カット（ステーキ・カット）にして、焼肉や、炒め物に。

下処理

表面の筋のトリミング(イラスト参照)。
包丁を寝かして、筋をひっぱります。

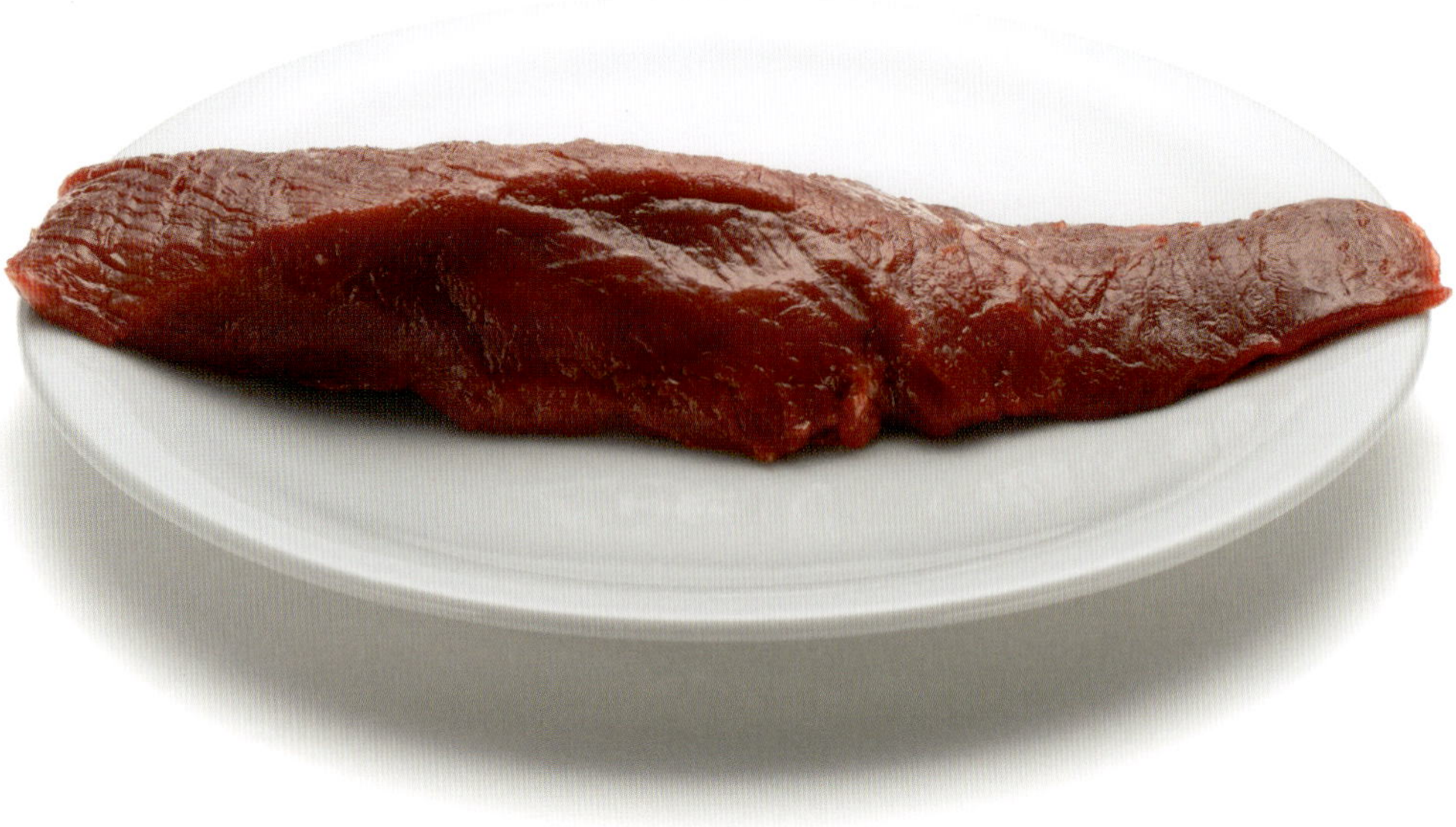

そともも

別名　もも

部位の特徴

・肉質は粗めですが、しっかりとした味があります。
・使いやすく、応用範囲の広い部位。
・厚みが薄い部分も、肉質に差はないので、カットの方法を工夫しましょう。

合う料理

・筋肉繊維を切るように直角カット（ステーキ・カット）やそぎ切り（ソテー・カット）にして焼肉や炒めものに。
・筋肉繊維にそって平行カット（カツ・カット）にして、カツや串揚げに。
・カツ・カット後に、繊維と平行に細切りのスティック・カットにして青椒肉絲に。

下処理

①②表面の筋をトリミングし、柵どりをしましょう。（イラスト参照）。ブロック肉を筋肉繊維の流れに対して、直角に柵どりします。
★最初の柵どりは、それ以降の加工に大きな影響を与えるので、とても重要です。

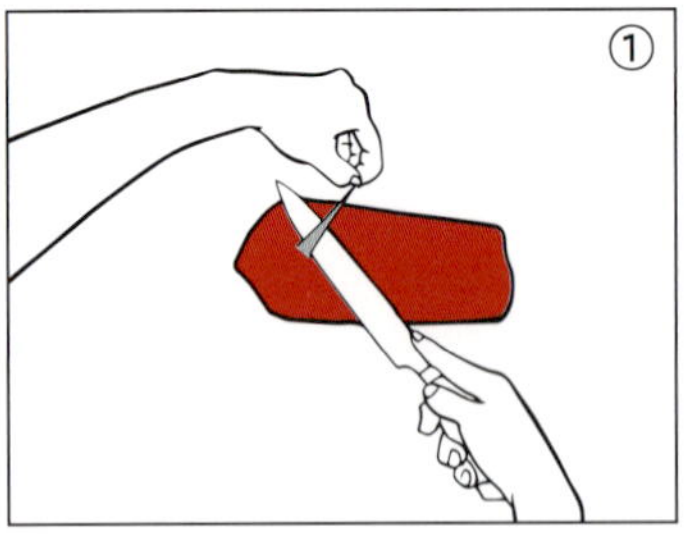

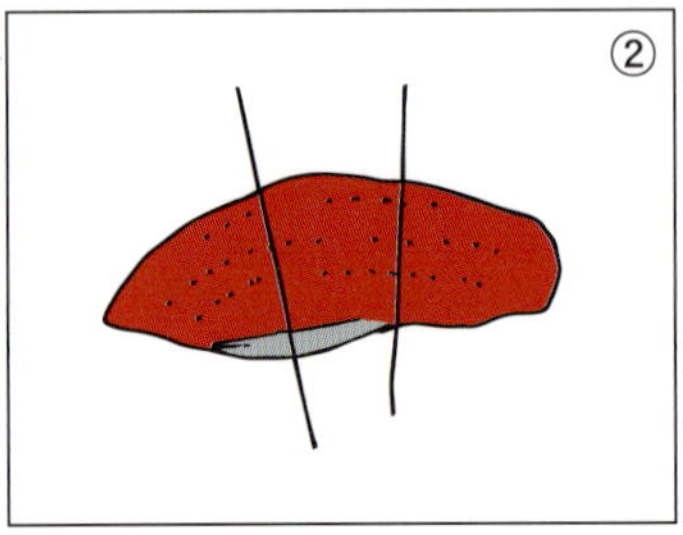

しきんぼう

別名 しんぼう・ヒレもどき

部位の特徴

・色は薄く、キメが細かい肉質です。

・味も比較的、淡泊です。

・形が整った円筒形のため、手間がかからず、カットロスが少ない部位と言えます。

・一本が１００グラムぐらいなので、ローストやカツにする場合など、一本のまま料理することができます。

・加工施設により、そともも部位につけて販売される場合と、うちもも部位の一部とされる場合とがあります。

合う料理

・下味をつけてからフライやカツに。一口大にスライスして提供しましょう。

下処理

表面の筋をトリミングしましょう（イラスト参照）。

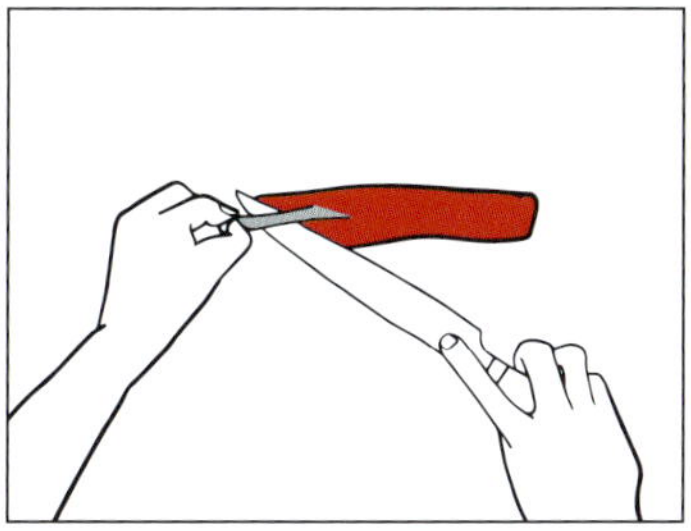

しんたま

別名　まる・しんしん

部位の特徴

・肉質はキメが細かく味も良いです。
・肉色は鮮明な赤色です。
・中心に太いスジがあります。

合う料理

・太筋の端をとり、ブロックのままローストに。
　１センチ幅の直角カット（ステーキ・カット）にし、焼肉などに。
・太筋をとり、筋を境に二つに分割し、薄切りにしてしゃぶしゃぶに。
・柵どり後、そぎ切り（ソテー・カット）にして炒め物に。

下処理

・「太筋とり」をしましょう（イラスト参照）。
　①②肉の中心に筋が通っています。
　骨につく端の部分は太くて硬いので、筋に沿ってナイフをいれて引き出し、端から数センチをハサミで切り取りましょう。
・表面の筋をトリミングしましょう。

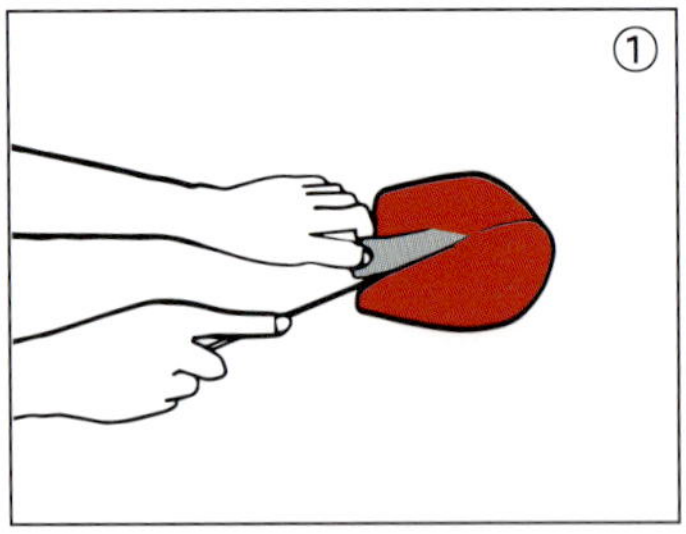

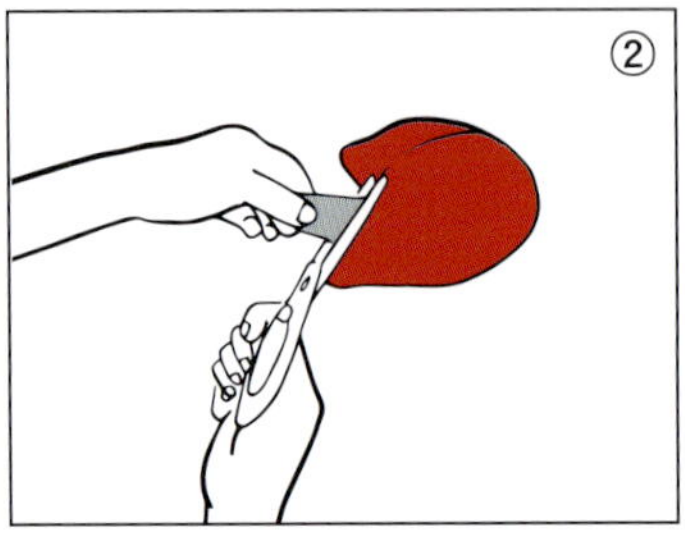

スネ

別名　ともすね・はばき・ちまき

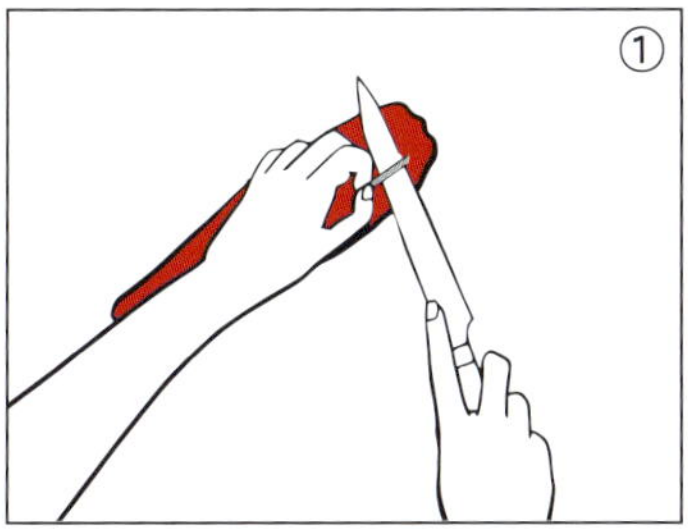

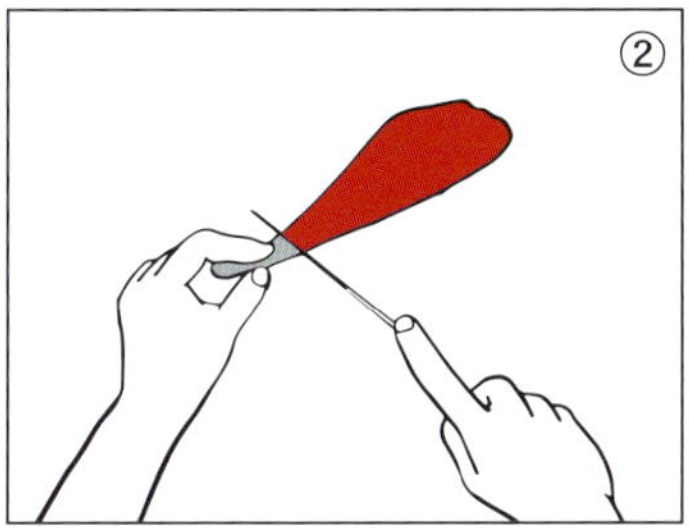

部位の特徴

・筋膜や腱がたくさんある非常に硬い部位。
・臭いも比較的強い部位です。
・よく煮込むと旨みがあり、出汁もでます。
・加熱により、縮みやすい部位です。

合う料理

・長時間、煮込んだり、圧力鍋を使う煮込み料理などに。
・大き目の一口大に角切り(ダイス・カット)にし、カレーやシチューなどに。

下処理

・表面の筋をとりましょう。
①残骨（腓骨）がある場合があります。あれば取りましょう（イラスト参照）。
②太筋があれば、取りましょう(イラスト参照)。

Q&A

鹿肉を買いたいのですが、どこで売っていますか？

猟期の十一～三月を中心に産地の加工施設で処理され、小売店やネットで販売されます。本書で紹介している加工処理施設や、野生鳥獣肉固有の認証制度をもつ自治体（北海道、長野県、三重県）などにより品質が認証されているものもあります。ホームページなどで、生産者のこだわりなどを知れば、より満足できるものを選べるでしょう。

鹿肉は硬い印象がありますが、実際はどうですか？

お肉自体は柔らかいのですが、筋膜というお肉を包んでいる膜や筋は硬いです。調理に応じて取り除くか、コラーゲン質なのでよく煮込むと、柔らかくなり旨みもあります。また筋膜を取り除いても、たとえば高温でいっきに加熱したり、ジャーキーのように水分を減らす調理法では肉は硬くなります。鹿肉は脂肪が少ないので、脂肪由来の柔らかさはありません。

塩麹やオイルにつけると
柔らかくなります。
たんぱく質分解酵素をもつ
玉ねぎなどの野菜や
りんごなどの果物をすりおろして
つけ込むのもよいでしょう。

切り方も大切です。
筋肉繊維に対する方向をそろえる
と硬さのばらつきがなくなります。
テンダライザーやフォークで
筋肉繊維を切ることで
柔らかくなります。

鹿肉を食べると、臭いがある時とない時がありますが、なぜですか？

いくつかの理由があります。動物は性別や年齢、繁殖期などで臭いが変化します。私たちが普段たべている牛豚

は去勢され、若年で出荷されるので、臭いが極端にありません。鹿は天然のため臭いにも個体差があります。また、捕獲時の血抜きが十分でなかったり、処理時の衛生状態が悪いと、肉質が劣化して臭みを発生しやすくなります。信頼できるお店からお肉を買いましょう。

鹿肉に合うスパイスは
黒コショウ、カルダモン、ジュニパーベリー、クローブ、クミン、コリアンダー、アニスなど。
鹿肉に合うハーブは
ローリエ、ローズマリー、セージ。

調理のときの注意点としては、再冷凍品や、加熱の方法によって臭いが強くなる場合があります。とくに電子レンジの使用は避けるほうがよいでしょう。

鹿肉は体力づくりによいと聞きましたが、本当ですか？

鹿肉は高たんぱく、低脂肪、低カロリー、鉄分とミネラルが豊富なお肉です。とくに多く含むカルニチンは、脂肪の燃焼に必要なアミノ酸です。

バランスのとれた食事とともに、鹿肉を適度に取り入れることは、あらゆる世代の人の体力づくりや美容や健康に、スポーツを楽しむ人にも良いと言われています。

鹿肉の生食はダメと聞きました。表面を焼いていれば、中は半生のタタキやローストを食べても大丈夫ですか？

いいえ、絶対にダメです。しっかり中まで火をとおしましょう。リスクをさけるため、調理は菌やウイルスの死滅温度まで加熱しなければ、安全ではありません。

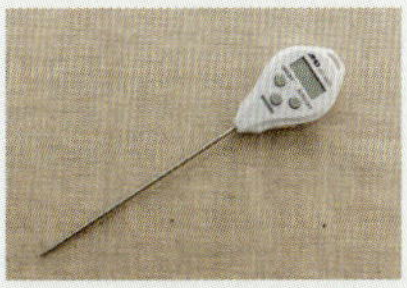

★中心温度計「中心部の温度が75度で1分間、それと同等以上の効力を有する方法で十分加熱して、生食は絶対にやめてください(厚生労働省ガイドライン)」。

横山真弓

衛生的な精肉

おいしい鹿肉を選ぶ重要なポイントは、「衛生的に処理されているか」という点です。

家畜肉でも野生肉でも食中毒菌に汚染されるリスクが高まるのは、内臓を摘出するときです。私たち人間を含めた動物の消化管内（食道から胃腸、肛門まで）にはたくさんの食中毒菌がいる可能性があります。そのため、消化管内容物を肉につけない解体技術が衛生管理のポイントとなります。ほかにも、食中毒菌が肉についてしまう経路があります。それは、河川や土壌などからと、解体する人間や道具からです。そのため野外での解体は避け、解体する人の服装や道具の消毒に徹底した衛生管理が求められます。

都道府県や厚生労働省では、衛生的な鹿肉を普及させるため、活用ガイドラインを公表しています。この基準に沿って処理、精肉している加工所の鹿肉は衛生的に優れていると判断できます。最近では地方自治体が優れた加工所や鹿肉を認証していますので、認証マークがあるものを選ぶとよいでしょう。

衛生的に処理されていないお肉は食中毒菌によって腐敗も早いため、匂いが発生したり、味も劣化してしまいます。ただし、どのような技術をもってしても完全に食中毒菌がつかないようにするのは難しいとして、厚生労働省では、すべての食肉には加熱調理を義務づけています（一部馬刺しなど生食用解体処理場で処理されたものを除く）。

ウイルスや食中毒菌群は熱に弱いため、肉を食べるときは、必ず加熱調理をしてください。

疾病リスク

もう一つ安全性で気になるのは動物が何か病気にかかっていないか、という点です。野生の動物には病気などが多いと思われるかもしれませんが、これまでのところ野生のシカでは疾病は非常に少ないという調査結果が出ています。家畜には多くの疾病がありますが、研究も検査体制も充実しているので、たとえ疾病があっても食肉として出回ることはありません。しかし野生獣肉の場合は、法律で義務付けられた検査体制はありません。病気に感染していると内臓などに異常が見つかります。異常を発見した場合は、その個体のお肉は食肉にしないなど加工所の判断に任されています。そのため野外での解体を避けて内蔵を抜かず、解体する際に内臓の異常をチェックしているかどうかが、安全に配慮している加工所を見極めるポイントとなります。

これまで兵庫県では、一〇〇〇頭近いシカを調べてきました。野生で元気に暮らすシカでは異常が見つかることは稀です。しかし過去には、E型肝炎ウイルスを保有した鹿肉を生で食べた人がE型肝炎にかかった事例があります。そのリスクもブタやイノシシと比べると非常に低いのですが、リスクがゼロではない以上、生食は厳禁です。過去の事例でも「生で食べてはいけない」という知識があれば避けることができたでしょう。

安全のため、私たちは豚肉や猪肉を食べるとき必ず十分な加熱調理を行なうように、鹿肉も十分な加熱調理を心がけることで、万が一のリスクも避けることができます。

人とシカの関わりの歴史

捕獲と利用について

横山真弓

一九九〇年代以降、ニホンジカは全国で急増しています。数が増加すると農林業に被害を与えるだけでなく、生物の多様性に深刻な影響を及ぼします。しかし歴史的にみると大正・昭和初期にはシカは、絶滅寸前まで減りました。シカは人にとって毛皮や皮革、食肉、薬など資源としての価値が非常に高く乱獲されたことが要因でした。

一九二〇年代までに日本のほとんどの地域からシカは姿を消したため、資源として利用された文化も途絶えてしまいました。その後の保護政策によりシカは増加し、絶滅を免れました。

一九六〇年代になると日本人の生活は、化学繊維や家畜肉を利用する生活に代わり、エネルギーも蒔や炭を利用していた時代から電気・ガスへと急激に変化していきました。これにより野生動物は資源として利用されることはなくなり、狩猟はスポーツハンティングに限られるようになりました。資源として利用されないと、捕獲されないため、急激な増加につながったと考えられています。

もともとシカは「食う―食われる」という生態系の中では「食われる」側になります。日本の生態系の中では、シカを「食う」捕食者は、古くから人間であったと考えられています。そのため、現代では、急増するシカの数を人の手で減らす政策が必要となり国を挙げて取り組むようになりました。

ところが、年間五〇万頭捕獲しても減少する様子がありません。そのため、しばらくはさらに捕獲圧をかけ続けることが必要ですし、一定数減った後も、捕獲を続ける必要があります。シカとの共存には捕獲と利用は重要な手段なのです。

CULLER

**おすすめの鹿肉の入手先を
ご紹介しましょう**

直接取材し
信頼できる生産者のみを
まとめました。

こだわりやポリシーから
あなたに合う生産者が
見つかれば
より満足度もあがりますね。

本書を活用して
鹿肉料理を楽しんで
いただければ幸いです。

「CULLER」とは
森林の生態系バランスを考慮して
その個体数管理をする
捕獲者のことです。

森の番人達を訪ねて①

神々の鹿たち

鹿に対する深い愛情と畏敬の念をこの人たちから以上に、強く感じたことはありません。山で暮らす鹿を静かに見つめ、管理捕獲の必要性に応じてワナをかけます。鹿に負わせる苦痛は最低限に抑え、最高の肉に仕上げます。捕獲対象を決めた瞬間、目的は「最高の肉をつくること」にのみ、一点集中されています。

二人は口をそろえて言います。「牛、豚、鶏、羊などあらゆる肉の中で、鹿肉が一番クセがなく美味しい」。そのことを知ってもらうため、「清浄な肉に、臭いや劣化を生む要因を付けないことを徹底する」。

竹内氏の処理施設を拝見しました。一次処理から一滴の血も床に落とさず処理できるよう考え抜かれた特注の舟と牽引システム。エリアや工程ごとに使い捨てする衛生手袋。もちろんガイドラインの基準をクリアした上で、味や安全性を向上させる独自の工夫がコンパクトな施設に詰まっています。その探究心と慎重さは猟から搬入においても徹底されていることでしょう。なぜならそこが品質を決める最初の重要な工程だからです。

加藤氏のこだわりも尋常ではありません。山岳救助の知識も、捕獲から精肉までを年間三〇〇頭以上こなす経験も、自らが仕留めた鹿を最後まで活かしきる術に昇華させています。標高二〇〇〇メートル級の落葉広葉樹の山々に生息する鹿の美味しさを知ってほしいと言います。

長時間の取材の最後、「すこし変な質問ですが」と前置きして、「鹿が山から減った時はどうしますか」と訊ねてみました。「山の生態系のバランスが大切です。捕獲時期の制限や、捕獲対象とする性別や年齢を考慮します」との加藤氏の弁に竹内氏も静かに頷いていました。

自らが仕留めた鹿への愛着、落手した命への敬意、肉を磨く技術、捕獲管理の実践。長い狩猟の経験に基づき二人が高い技術と思考をもちえたのは、山や自然を守りたいという信念によるものと確信し、清々しい気持ちで帰路につきました。

自然育工房「岳」（竹内清）

〒 393-0006 長野県諏訪郡下諏訪町東町上 949-1

販売：要予約。ブロック肉 1 kg〜、代引き。

TEL 0266-27-9569 ／ FAX 0266-28-9636

信州ジビエかとう　（加藤尚）

〒 399-4511 長野県上伊那郡南箕輪村 6704

販売：要予約。ブロック肉 1 kg〜、代引き。

TEL ／ FAX 0265-74-6065

森の番人達を訪ねて②

ザボンの里

二〇一六年五月、伊勢志摩サミットで、鹿肉料理が国内外の要人たちに振舞われました。その時に提供されて好評だったひとつが、鹿児島県阿久根市の鹿肉です。

阿久根は、大きな文旦の「ザボン」のほか、ウニやイワシの産地としても知られる風光明媚な土地柄です。ところが数年前から、ザボンの木の新芽や若葉を急増する鹿が次々と食べてしまい、農業被害が深刻になってきたのです。ザボンの木は、果樹のなかでも大きな実をつけるようになるまで数年かかると言われています。生長点の新芽を食害されて木が枯れてしまうと、農家は果樹栽培をつづけることが困難になります。

このように、全国で野生動物による農林作物への被害が高齢化の進む農家により大きな負担を強いています。結果的に、離農者の増加に拍車をかけていることは社会的にも大きな問題です。阿久根市も例外ではなく、最盛期に六〇〇軒あまりあったザボン農家が、今ではわずか六、七軒にまで減ってしまいました。

二〇一三年、これらの状況をなんとか改善したいと「鳥獣害対策」を旗印に掲げ、一般社団法人阿久根市有害鳥獣捕獲協会が設立されました。牧尾会長のもと、猟友会員を中心に、引退し帰郷した人たちも集まりました。年々捕獲数と販売実績を増やしている原動力は、社会経験が豊富で体力や生活にも余裕のある彼らが、郷里のために力を合わせて奮闘しているからに違いありません。ワナ猟で捕った鹿は、ほぼ全頭搬入し、自分たちで精肉しているそうです。

事務局長の奥平氏によれば、とくに品質向上を重要視しているとのこと。他県から精肉の専門家を毎年招聘するそうです。継続するには費用もかさみますが、品質向上には欠かせないといいます。「わたしたちは若くないので、何度も繰り返し勉強します。なかなか変えられない包丁さばきも、お互いのクセを指摘し合いながら、やっているんですよ」。鹿肉の衛生検査も、保健所基準より頻繁に実施し、食の安全を啓蒙しているそうです。

ザボンの木の新芽を食べている阿久根の鹿。クセのないその鹿肉は、阿久根の新しい特産品としてあつい注目を浴びています。

阿久根加工処理施設
いかくら（猪鹿倉）阿久根

〒899-1603
鹿児島県阿久根市鶴川内5039-4
予約・注文は、電話またはFAXで。
TEL 0996-79-3626 ／ FAX 0996-79-3629

森の番人達を訪ねて③

人のつながり 人そだて

施設を訪ねたとき、ちょうどひとりの女性が車でやってきました。聞くと近くのスーパーで鹿肉が売り切れたので、わざわざ加工処理施設まで買いに来たといいます。品切れと聞いて生産者の所にまで探して買いに来る人はそう多くはないでしょう。「いなばのジビエ」は地元スーパー二軒で鹿肉を試験的に販売しており、その人はそれで鹿肉にはまったとのことでした。

小規模の鹿肉加工業者が消費者向けにスライスやミンチの少量をパックにし、スーパーなどに卸すのは容易ではりません。野生の鹿は入荷が不定期で、家畜のような経済動物でないため、カットロスや作業の手間も大きいのです。そのうえスーパーの要求する設備や衛生基準も満たさなければなりません。しかも今回は、鹿肉食の普及を促進させるため、利益を度外視し価格を下げた、一般消費者むけキャンペーンだということでした。

猟歴五〇年、食肉加工処理業は一〇年目の河戸健氏は、今春で開設四年目の施設を設認定事業者として引き受けました。教えを乞う人に、知識やノウハウをオープンにするのは、趣味の猟でもとおしてきた流儀だそうです。四月から精肉部門に加わった地域おこし協力隊の女性もすでに戦力となっています。秋には協力隊員がもう一名、技術指導を受けに加わる予定です。

河戸氏の、現状に則した効率化の工夫には次のようなものがあります。たとえば、一次処理後の段階で、一頭大きなままで冷蔵室に保管するのではなく、先に大きく分割してから保管します。こうすれば、二次処理でモモ部位からの分割を女性ひとりでも楽にこなせるのです。これは女性にも新しい雇用を開き、業界に活力をあたえる契機になるのではないでしょうか。

「結局は人なんですよ」と河戸氏は言います。人とのつながりが大きな力となり、現在の施設が動き出しました。「いなばのジビエ推進協議会」コーディネーターの米村氏の力も大きく寄与しています。民間企業での営業経験をいかし、「鹿肉を普及させたい」という熱意を胸にした米村氏は、ひっきりなしに鳴る携帯電話に対応していました。

鳥取から生まれた大きなうねりは、分野をこえた人のつながりが功を奏した、新しいビジネスモデルを作りつつあります。

いなばのジビエ推進協議会

〒680-0701
鳥取県鳥取市鹿野町鹿野1517
予約・注文は、コーディネーター米村まで。
TEL 080-2948-3404

森の番人達を訪ねて④

温故知新

和歌山県古座川町は、紀伊半島の南端、熊野灘の上流に位置します。沿岸部の串本町から車で五分走れば視界は一変し、深い熊野の山々に囲まれた清流の美しさは、思わず息をのむほどです。「清流鹿」とも名づけられた古座川の鹿。水辺を好む鹿の姿が想像されて期待が高まります。

古座川は、全国でも珍しく、古くから鹿肉を食べ継いできた地域のひとつです。この地域には、興味深い伝承と、鹿肉の食文化が伝えられてきました。そのひとつを紹介します。

「授乳中のお母さんは、鹿肉を食べると、乳の出が良い」

じっさい、佃奈津代さんはお姑さんからすすめられ、産後一年間は、鹿肉を定期的に食べたそうです。また夫が猟に出て、鹿やクマ、猪、狸などの野生動物を捕獲すると、きまって内臓の一部や生殖器を柱にかけて吊るしたそうです。乾物にして、家庭の常備薬として大切に利用するということです。全国でも、野生動物に関して伝承的風習をもつ地域は数少なくなっています。その価値を知る佃さんは、地域の知的財産として、鹿肉の魅力を発信するパワフルな女性です。

また、古座川では若手の奮闘にもめざましいものがあります。観光宿泊施設で料理長を務めながら、併設する最新の加工処理施設で鹿肉の生産も手がける深海氏。彼の夢は「鹿肉をふるさとの特産品として確立し、子供たちの世代に、鹿肉料理を浸透させること」と目を輝かせます。

小規模ながら、地元の特産品づくりに熱心な商工会の取り計らいもあり、古座川の鹿肉は、各地の食のイベントに活用されています。ご当地バーガー日本一を決める「とっとりバーガーフェスタ二〇一六」では、神戸牛のバーガーなどの強豪を抑え古座川の「里山のジビエバーガー」が優勝しました。つぎは、鍋グランプリに出場し、郷土料理「うずみ膳」を鍋料理に新しくリメイクするそうです。

連綿と続く世代交代のなかには、受け継がれていくもの、新しく伝えられるものがあります。南紀熊野ジオパークの古座川を訪れ、大自然を満喫しながら食べる鹿肉は新しい食の楽しみ方になるにちがいありません。地域をあげて取り組む、鹿肉の新しい郷土料理も待ち遠しいものです。

「ぼたん荘」南紀月の瀬温泉

〒649-4106
和歌山県東牟婁郡古座川町月野瀬881-1
予約・注文は、電話またはFAXで。
TEL 0735-72-0376 ／ FAX 0735-72-3666

森の番人達を訪ねて⑤

先駆者として

二〇〇六年、兵庫県の株式会社丹波姫もみじは、本州ではじめて年間七〇〇頭を処理する鹿肉加工処理施設として創業しました。代表の柳川瀬正夫氏が、いちはやく鹿の事業に取り組んだ理由のひとつは、鹿肉や鹿角が古くから漢方の材料だったことにあります。丹波市山南町は一九世紀半ばから薬草栽培の歴史があります。前職で山南町の役所勤めをしていた柳川瀬氏は在職中に施設の整備とともに栽培農家を増やすなど、「漢方の里」の振興に尽力していました。

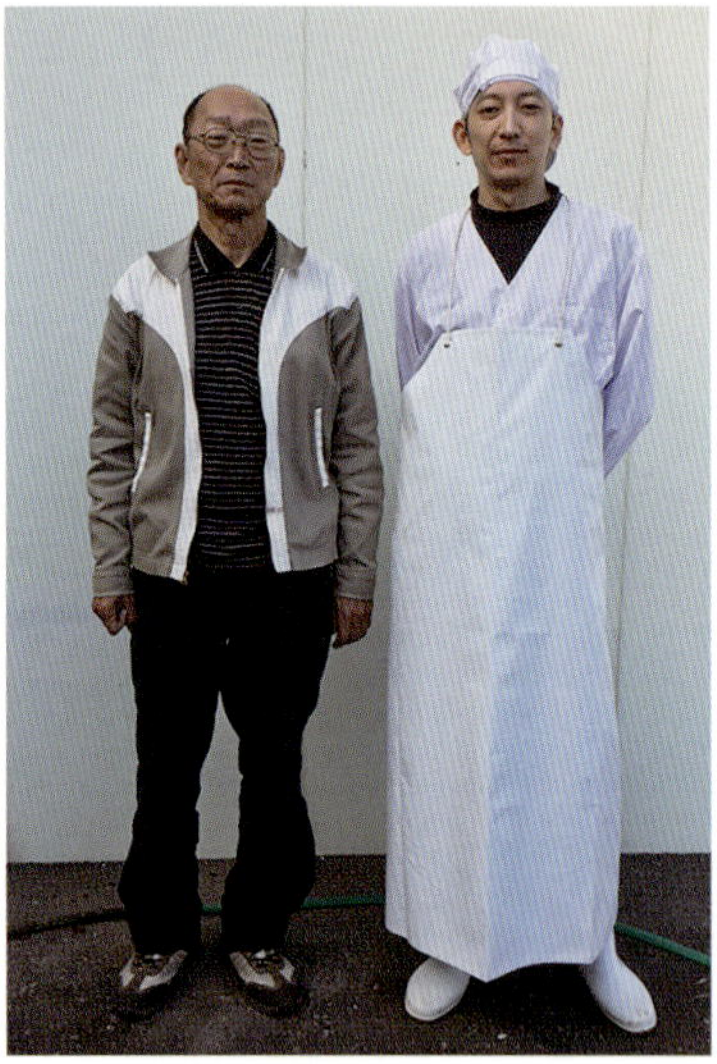

そのような中、栽培農家から鹿による食害の報告が急増し、対策に奔走するようになったそうです。しかし防護ネットにからまって捕獲された鹿は、品質が落ちて食用には向きません。しかも鹿の被害に苦しむ農家や駆除の対象と捉える猟師らは、その肉にも悪いイメージしか持っていませんでした。次々と捕獲され、多くの労力をともなって山中に埋設される鹿。または高額な処理費を自治体が負担して焼却される鹿。命が活かされることのない「対策」の現場に虚しさは募るばかりでした。しかし文献によれば、古来より鹿肉は健康によい食材とされています。「地域の天然食材で健康によいものができれば、多くの人が喜び、地域が活性化するのでは」。これは、土地の歴史や文化風土にもとづき再興に挑んだ「薬草づくり」にも通じると思えたそうです。

そして協力者を得て、ついに一念発起する時が来ました。この公共性の高い鹿の加工処理事業を、役所を退職し民間として取り組む決意をしたのでした。しかし、未知の出来事が多数あり、試行錯誤のなかのスタートでした。鹿に関する先進地である北海道の例も参考にしました。丹波の鹿は、エゾシカと比べて小さく、肉量は約三分の一しかとれません。いっぽう、年間を通じて肉質の変化が少ないという利点もありました。折しも、鹿対策は全国の社会課題となり、一年で五〇〇人もの視察者を受け入れた年もあったといいます。

このように丹波姫もみじは全国各地の鹿事業推進の一翼を担ってきました。今では、その社会的功績を称える人も少なくありません。そこには精肉や熟成などの品質づくりに尽力した人たちの存在も大きかったのです。

株式会社丹波姫もみじ

〒669-3572
兵庫県丹波市氷上町谷村 1812-10
注文・予約は、電話またはFAXで。
TEL 0795-82-6333 / FAX 0795-82-7737

★ LESSONで使用した肉は、柳川瀬大介氏による精肉です。

森の番人達を訪ねて⑥

安全性へのこだわり

京都府京丹波町に加工処理施設をつくった垣内忠正氏が、狩猟に憧れて宝塚から福知山に移り住んだのは約三〇年前。世の中はバブル景気の余韻にひたっている頃でした。当時、「猟師志望、田舎暮らし志望」の青年は友人たちからは珍しがられる存在だったでしょう。

その後、古民家を斡旋する不動産業をはじめ、余暇に狩猟を楽しみながら、田舎暮らしのノウハウの伝授をはじめました。しかし今では、犬と銃をつかった趣味の猟をすることは少なくなりました。みずからを「ジビエハンター」と位置づけ、高品質で安全な鹿肉を提供するため、犬をつかった銃猟を業としてはおこないません。高品質な肉をつくるには、銃猟よりワナ猟の方が、血抜きの精度、肉の品質の点で勝っているからです。さらに垣内氏がこだわっているのは鹿肉の食品としての安全性であり、加工施設のリスク管理です。「京都HACCP」という自治体版HACCPの認証も受けています。HACCPとは食品の安全性を高度に保障する衛生管理手法のひとつです。

六年前に垣内氏が施設を設立した当時、HACCPやISO二二〇〇〇などの国際的な衛生基準は、大・中規模の食品工場などには多く導入されていたものの、小規模工場にとってはまだまだ高いハードルでした。しかし、垣内氏は開設当初から、「猟師が加工施設をつくる場合、陥りやすい問題点は何か」を問い続け、つねにリスク管理の意識をもっていたのです。

うっかりと汚染を持ち込んだり、あやふやにしてしまいそうな箇所にこそ、知恵をしぼり配慮を惜しみません。作業動線の徹底も品質の向上であり、異物混入を防ぐための粘着性掃除具は必需品です。小規模施設ながら、五キログラム以上ある骨付きを一本まるごと真空包装できる設備や、ミンチの品質にもこだわりを持ち、大型機の導入もおこなっています。

また、加工処理施設を清潔に保つために「整理・整頓・清掃・清潔・しつけ」の5Sの社員教育も徹底しています。

現在、鹿肉が注目され、加工を手掛ける施設が増えるなか、垣内氏の工場が模範的な施設となっている理由、それは高い衛生管理を維持、向上し続ける意識の高さにほかなりません。

株式会社 ART CUBE

〒622-0234
京都府船井郡京丹波町塩田谷大将軍 10-1
予約・注文は、電話またはFAXで。
TEL 0771-82-0802 ／ FAX 0771-82-3024

鹿のいる森　いない森

豊かな森の復活のために

横山真弓

ニホンジカが高密度に増加すると農林業被害が増えるだけでなく、森林の中の下草がなくなり、下草で暮らす鳥や昆虫、小動物などがすみかを奪われてしまいます。土にかえるべき落ち葉も食べられてしまうため、土壌も育たなくなります。特定の動物だけが増える状況は生物多様性を奪ってしまうのです。

　バランスのとれた豊かな森林生態系を保つには、シカを低密度に保つことが必要となります。シカだけが急増し、下草がなくなってしまった森では、シカの密度をまずは低くしなければ、植物の回復も始まりません。シカが低密度になっても植物の回復には相当な年月が必要となります。

　バランスを失った森林では、今はまず、シカの数を減らすことが急務となっています。シカを活用することは人の健康に良いだけでなく、森の健康にも役立つのです。

CULLERの章について

掲載した加工処理施設は、左記の基準を複数満たしているところを取材しました。紙面の都合上、掲載は一部です。ご了承ください。

1 食品衛生法上の食肉処理業（厚生労働省）の営業許可を取得している事業者

2 「野生鳥獣肉の衛生管理に関する指針（ガイドライン）」（厚生労働省）の実践者

3 ガイドラインに上乗せした、自治体による野生鳥獣肉固有の認証制度をもつ北海道、長野県、三重県の施設

4 「野生鳥獣肉の衛生管理等に関する実態調査の結果について」（厚生労働省 二〇一六年 公文書番号 生食監発〇九二二 第一号）にもとづく取材結果

5 トレーサビリティ管理記録の徹底、異物検査機の使用の徹底（SUS一・五ミリ以下のテストピースを使用）、定期的な菌検査の実施事業者

唐紙

＊扉ページ（七、二五、四一、五五頁）に使用。

奈良時代に唐から伝わった細工紙のこと。本書で使用した文様「東大寺型」は、正倉院宝物の文様の写しです。版木には中国の空的霊獣（麒麟・鳳凰）や、鹿、馬、孔雀、小鳥、蝶、魚などが彫られています。シルクロードの影響を感じさせる国際色豊かなデザインです。

京からかみ

参考文献

『アーユルヴェーダ入門』クリシュナ・U．K．著 東方出版 一九九三年
『魚醤とナレズシの研究』石毛直道、ケネス・ラドル著 岩波書店 一九九〇年
『知っておいしい肉事典』実業之日本社編 二〇一一年
『食肉流通業務実践コース教本』公益社団法人全国食肉学校編 二〇一一年
『中薬大辞典』上海科学技術出版社編 小学館 一九八五年
『動物たちの反乱』河合雅雄、林良博 編著 PHPサイエンス・ワールド新書 二〇〇九年
『日本食生活史』渡辺実 著 吉川弘文館 一九六四年
『人間は脳で食べている』伏木亨 著 筑摩書房 二〇一五年
『野生動物管理のための狩猟学』梶光一、鈴木正嗣、伊吾田宏正 編 朝倉書店 二〇一三年
『わが家で楽しむジビエ料理』大谷紀美子 編著 NPO法人日本都市農村交流ネットワー協会 二〇一〇年

学会誌

「生き物文化誌 ビオストーリー（第一〇号）」昭和堂 二〇〇八年

参考論文

「鹿肉と牛肉中のコレステロール含量および脂肪酸組成の比較」石田光晴、小田島恵美、池田昭七、武田武雄 日本食品科学工学会誌 第四八巻二〇～二六（二〇一一年）
「シカ肉に含まれる遊離およびアシルカルニチン含有量の加熱調理による影響」山下麻美、加藤陽二、吉村美紀 日本食品科学工学会誌 第六一巻一七八～一八一（二〇一三年）
「シカ肉の栄養性・機能性の認知度と消費者意向の調査」吉村美紀、林真理 兵庫県立大学環境人間学部研究報告 第十九号（二〇一七年）
「脂質摂取量の推奨値」奥山治美 脂質栄養学 第六巻 一号五～四二（一九九七年）
「真空調理法を用いた加熱温度の違いによるシカ肉に含まれるカルニチン含有量および物性の変化」吉村美紀、山下麻美、加藤陽二 日本食品科学工学会誌 第六一巻 四八〇～四八五（二〇一四年）
「天然シカ肉加工品の物性および嗜好性に及ぼす多糖類添加の影響」吉村美紀、大矢春、藤村庄、渡辺敏郎、横山真弓 日本食品科学工学会誌 第五八巻 五一七～五二四（二〇一一年）
「兵庫県丹波地域におけるニホンジカ肉の栄養特性」吉村美紀、加藤陽二、新田陽子、横山真弓 日本栄養・食糧学会誌 第六六巻九五～九九（二〇一三年）
「野生エゾシカ肉の栄養特性について」岡本匡代、坂田澄雄、木下幹朗、大西正男 日本栄養・食糧学会誌 第五七巻三号一四七～一五二（二〇〇四年）
「LC-MS／MSを用いたシカ肉に含まれる遊離およびアシルカルニチン含有量の測定」山下麻美、加藤陽二、吉村美紀 日本食品科学工学会誌 第五九巻 六三七～六四二（二〇一二年）

参考資料

「シカと人間のしあわせな共存」グループ：愛Deerエイト 神戸市シルバーカレッジ卒業論文 二〇一三年
「日本食品標準成分表二〇一五年版（七訂）」文部科学省科学技術・学術審議会資源調査分科会 二〇一五年

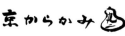

著作者

林 真理

食文化研究家。鹿肉料理研究家。文学修士。

鹿肉食の普及促進によって、人と野生動物の多様な関係を問う。

「愛 deer 料理教室」を主宰し、全国各地で安全で美味しい鹿肉料理を家庭に広めるため奮闘中。代表を務めるアイディア研究舎では手軽に食べられる鹿肉の加工品などを開発し、ホンシュウジカを使った特産品も手掛ける。共訳書『トウガラシの文化誌』(晶文社) など。

監修者

吉村美紀

兵庫県立大学 環境人間学部食環境栄養課程 教授。

先端食科学研究センター副センター長を兼任。

鹿肉の物性・嗜好性・栄養性・機能性の研究をおこなっている。

専門は食品プロセス科学、調理科学。

執筆協力者

横山真弓

兵庫県立大学 自然・環境科学研究所 教授。

兵庫県森林動物研究センター研究部長。

クマ、イノシシ、シカの野生動物の調査・研究をおこなっている。

鹿肉を楽しむ COOK BOOK

二〇一六年一二月一〇日 発行
二〇一七年 二月二五日 第三刷

著作者 林 真理

監修者 吉村美紀
執筆協力者 横山真弓

発行所 丸善プラネット株式会社
〒一〇一-〇〇五一
東京都千代田区神田神保町二-一七
電話 〇三-三五一二-八五一六
http://planet.maruzen.co.jp/

発売所 丸善出版株式会社
〒一〇一-〇〇五一
東京都千代田区神田神保町二-一七
電話 〇三-三五一二-三二五六
http://pub.maruzen.co.jp/

装丁・組版 若林麻耶
撮影 菊谷泰博 (キクヤ写真場)
米田真也 (七頁、二五頁)
芝野広地 (五〇-五一頁)
取材協力 木下一成 (株式会社一成)
石坂光寛
撮影協力 大東恵子・大東慶子 (森の農)
調理アシスタント 永井紘太 (兵庫県立大学)
印刷・製本 三美印刷株式会社

ISBN 978-4-86345-316-6 C0077